Oorspronkelijke titel: Kochen mit Schokolade

Oorspronkelijk uitgegeven in Duitsland in 2013 door
Christian Verlag GmbH

Tekst en recepten: Eberhard Schell
Voorwoord en wijntips: Natalie Lumpp
Fotografie: Michael Meisen
Foodstyling: Tino Kalning

Nederlandstalige uitgave:
© 2015 Veltman Uitgevers, Utrecht
Vertaling: Akkie de Jong/Vitataal
Redactie en productie: Vitataal, Feerwerd
Opmaak: De ZrlJ, Maarssen
Omslagontwerp: Ton Wienbelt, Den Haag

ISBN 978 90 483 1141 5

Voor meer informatie: www.veltman-uitgevers.nl

Opmerking van de uitgever
In de recepten wordt vaak chocoladezout en chocolademosterd gebruikt. Beide zijn essentieel voor de juiste smaak van de gerechten.

Chocoladezout
Het chocoladezout is verkrijgbaar bij de Duitse firma Schell en als 'Schokoladen-Salz' of 'Schokoladen-Gewürzsalz' te bestellen via www.schell-schokoladen.de. Tevens zijn er op internet diverse (Duitse) recepten te vinden hoe u zelf chocoladezout kunt maken.

Chocolademosterd
De chocolademosterd is bij dezelfde firma verkrijgbaar als chocoladezout, maar kan ook heel gemakkelijk zelf worden gemaakt: smelt 20 gram pure chocolade au bain-marie en roer hem door 2 eetlepels dijonmosterd.

Koken met chocolade

100 tongstrelende hartige recepten

Veltman Uitgevers

Inhoud

Voorwoord

Toen ik over het idee voor dit boek hoorde was ik aanvankelijk een beetje sceptisch: alleen gerechten met chocolade? Maar Eberhard Schell is een groot kunstenaar als het om chocolade gaat en natuurlijk won mijn nieuwsgierigheid naar zijn recepten het.

Vanaf het moment dat ik zijn chocoladegerechten ben gaan maken, ben ik dolenthousiast – en mijn gezin geniet er nog steeds van! De recepten zijn stuk voor stuk geraffineerd; zelfs een zweempje chocolade heeft al een smaakversterkend effect.

Imposant is ook hoe de wijnen zich bij de recepten ontplooien. Vooral 'op barrique gerijpte' wijnen ondersteunen de chocoladearoma's en bereiken een topvorm. Wijnen die zijn gerijpt op kleine eikenhouten vaten hebben vaak aroma's van chocolade, geroosterde mokkabonen en geroosterde hazelnoten, waarmee ze de chocolade perfect aanvullen.

Tegelijk lijkt het chocoladegerecht de wijnen naar een hoger plan te tillen en hun smaak te verbeteren. Bij enkele gerechten komen vooral de frisse en levendige wijnen tot hun recht: zij worden er werkelijk door opgehaald. Het is echt boeiend!

Ik wens u evenveel sensationele, heerlijke culinaire ervaringen toe als ik heb beleefd.

Hartelijke groet, Natalie Lumpp

Chocolade betovert

Ga mee op ontdekkingsreis door de wereld van hoogwaardige chocolade en ervaar hoe gevarieerd deze lekkernij kan smaken. Net als specerijen kan chocolade een gerecht namelijk echt verrijken. Laat u dus verlokken!

Al vele jaren is cacao de grondstof die ik het meest gebruik. Als meester-banketbakker maak ik niet alleen bonbons, chocolade en desserts, maar wijd ik me ook met veel passie aan het samenspel van wijn en chocolade.

Wie in chocolade meer ziet dan alleen een zoete troost voor de minder gelukkige momenten, komt onvermijdelijk uit bij de herkomst ervan. Al eeuwenlang is het traditie chocolade en specerijen te combineren. Het beste voorbeeld daarvan is de mole poblano, een peper-chocoladesaus. Wij kennen chocolade echter vooral in zoete vorm, puur of verwerkt in desserts. Hartige recepten met chocolade zijn zeldzaam. Daar wil ik met dit boek verandering in brengen.

Het zal u verbazen waarvoor u chocolade allemaal kunt gebruiken. Bekijk chocolade eens als een voortreffelijke smaakmaker, net als zout, peper, kruiden of specerijen, waarmee u gerechten smaak kunt geven of verfijnen. Chocolade is zoveel meer! Wie deze nieuwe wereld van hartige gerechten met cacao of chocolade zelf wil ontdekken, moet de veelzijdigheid van chocolade benutten.

Hoe u dat doet? Zoals elke specerij een bepaald aroma vertegenwoordigt, heeft ook chocolade afhankelijk van de herkomst en het cacaogehalte een karakteristieke smaak. Probeer maar eens verschillende hoogwaardige regionale chocoladesoorten, zoals die uit Cuba, Ecuador, Mexico of Peru. U zult zien dat elke soort anders smaakt. Hetzelfde geldt voor melkchocolade. Alleen witte chocolade is neutraler, maar niet als u ermee kookt. Dat is heel fascinerend, vooral als u hem combineert met een snuf specerijen zoals nootmuskaat, saffraan, gember of kardemom.

Bij koken met chocolade geldt hetzelfde als voor elk recept: wees creatief! Soms verwijs ik naar speciale door mij gemaakte soorten chocolade, die te koop zijn in mijn webwinkel. Verder kunt u bij elke goede chocolatier regionale chocolade verkrijgen. Let er wel op dat zowel de herkomst als de cacaosoort wordt vermeld. Basisprincipes bij het koken met chocolade: werk niet met een te hoge temperatuur en voeg de chocolade pas kort voor het einde van de kooktijd toe, anders verandert het aroma en kunnen de bestanddelen verbranden. Ook bakken in cacaoboter geeft een heerlijke smaak, maar doe dit wel op matige temperaturen.

Het is vrij eenvoudig om chocolade toe te voegen aan gerechten. Als vuistregel (die echter uitzonderingen kent) geldt: hoe krachtiger het voedsel, hoe krachtiger de chocolade moet zijn. Vis, schaaldieren en kip gaan prima samen met witte of melkchocolade. Sterke vleessoorten zoals wild of rund plus donker gevogelte zoals eend of struisvogel kunt u combineren met pure chocolade. Zoals gezegd is het belangrijk om een hoogwaardige chocolade te gebruiken, zoals u ook andere ingrediënten van goede kwaliteit zou gebruiken. Houd u aan het motto ‘Alleen van iets goeds kun je iets goeds maken’.

Ik wens u veel plezier bij het koken.
Eberhard Schell

De grondstof en zijn geschiedenis

'Godenspijs', zo luidt de vrije vertaling van *Theobroma cacao*, de Latijnse naam die natuurwetenschapper Carl Linnaeus gaf aan de cacaoboom. In de mythologie van de Azteken was het de boom van de kennis die de god van de indianen, Quetzalcoatl (de uitgang -atl staat voor 'water', waaruit alle leven ontstaat), de mens schonk. *Kakawa*, de oorsprong van het woord 'cacao', stamt uit de taal der Olmeken.

De *indios* bereidden van de cacaobonen een drank. Het door de Azteken gemunte woord *xocoatel* of *xocolatl* verwijst naar deze gewoonte, want het betekent 'bitter water'. Bij ons is daaruit 'chocolade' ontstaan. De bonen werden geroosterd, fijngestampt, gemengd met maispap of water, verfijnd met scherpe specerijen en schuimig geklopt. Vanuit kruiken goten de indios het brouwsel vanaf grote hoogte net zolang over tot de cacaoboter een smakelijk schuim vormde.

In 1560 verfijnden nonnen op het schiereiland Yucatán xocoatel voor het eerst met rietsuiker en oranjebloesem. Bovendien dronken zij dit niet zoals de indios lauw of koud, maar warm. Ook vonden ze de fermentatie uit, een proces waarbij de smaakstoffen van de bonen zich ontwikkelen. Daarmee begon de onstuitbare opmars van chocolade. In de eerste helft van de zeventiende eeuw ontwikkelde chocolade zich tot de lievelingsdrank van de Spaanse adel en veroverde vervolgens alle Europese hoven en vorstenhuizen. Chocolade was echter niet alleen een genotmiddel, maar ook een medicijn: hij werd als versterkend middel verkocht in apotheken; de zaden van de cacaovrucht zijn vanuit voedingsfysiologisch oogpunt namelijk echt een wonder. Vanaf eind zestiende eeuw brachten de veroveraars en kolonisten de cacaoplant naar bijna alle streken waar hij kon gedijen. Onder de Portugezen kwamen de eerste cacaoplanten via São Tomé in West-Afrika terecht. Vanwege de problemen met de slavenhandel werden plantages aangelegd in die oorden waar de arbeidskrachten het goedkoopst waren. In de koloniale tijd aan het eind van de negentiende eeuw ontwikkelde West-Afrika zich zodoende tot het voornaamste teeltgebied van gebruikscacao.

Het terroir

De cacaoboom kent een geografisch exact begrensde groeizone. Deze ligt op 23° ten zuiden en op 23° ten noorden van de evenaar, verdeeld over drie continenten: Midden- en Zuid-Amerika met Mexico, Santo Domingo, Costa Rica, Panama, Ecuador, Venezuela, Colombia, Peru, Bolivia, Guatemala, Honduras, Nicaragua en Brazilië; de Caribische eilanden Cuba, Jamaica, Haïti, de Dominicaanse Republiek, Grenada, Trinidad en Tobago.

In Azië zijn het hoofdzakelijk Indonesië, Papoea Nieuw-Guinea, Java, India, Thailand, Maleisië, Sri Lanka, de Filipijnen en eilanden in de Stille Zuidzee. In Afrika liggen belangrijke teeltgebieden in Equatoriaal-Guinea, Ivoorkust, Ghana, Kameroen, Nigeria, Togo, Guinee, Sierra Leone, Tanzania, Liberia, Congo, Uganda, Gabon, Zaïre, Benin en op de eilanden Madagaskar en São Tomé.

Bij chocolade speelt het terroir een belangrijke rol. Als men cacaobonen van dezelfde soort uit tien verschillende landen op dezelfde manier bereidt, ontstaan tien soorten chocolade die allemaal anders smaken. De herkomst van de bonen komt tot uiting in de smaak en geoefende tongen kunnen de smaakkenmerken lokaliseren. Een regionale chocolade uit Tanzania is sterk en bitter, herinnert aan bosgrond en frambozen en heeft een krachtig zuur. Een regionale chocolade uit Cuba daarentegen heeft een intense smaak met vele aroma's waarin zelfs fijne tonen van tabak te herkennen zijn. Dat laatste komt niet doordat in het land van de fijne sigaren bij de chocoladeproductie tabaksbladeren worden gebruikt, maar doordat het karakter van de grond erin tot uitdrukking komt.

De cacaoboom

Wilde cacaobomen hebben schaduw nodig en kunnen dan wel 20 meter hoog worden. In de industriële teelt zijn ze niet hoger dan 3 tot 3,5 meter; dat is om het oogsten te vergemakkelijken. Bovendien zijn deze door kweek hybride geworden planten niet aangewezen op schaduw. De bomen van kleine boeren die hoogwaardige cacao leveren, zijn meestal tussen de 4 en 8 meter en worden aangeplant samen met bananen of palmen die schaduw leveren. De cacaoboom brengt tegelijkertijd bloemen en halfrijpe en rijpe vruchten voort. Elke peul bevat tussen de 35 en 45 zaden die zijn ingebed in de pulp. Dit zoete en enigszins naar cacao smakende vruchtvlees is nodig bij de fermentatie.

De cacaovrucht wordt na zeven tot tien maanden rijpen van de boom gesneden. Om hem te verwerken wordt hij meestal met de machete gehalveerd waarna de pulp met de witte tot lichtpaarse zaden eruit wordt gehaald en in broeibakken of op grote bladeren, zoals bananenblad, wordt gestort om daar te fermenteren. Eerst wordt de pulp afgebroken door schimmels, waarna hij vloeibaar wordt en wegvloeit. In het beginstadium van de fermentatie ontstaat er azijnzuur. Dat dringt in de cellen van de zaden, voorkomt dat die ontkiemen en veroorzaakt de vorming van smaakstoffen en de typische cacaokleur. Enzymen splitsen de eiwitten in aminozuren en de meeste bijtende, bittere en zure stoffen vervliegen. Bij dit proces stijgt de temperatuur van de zaden tot circa 50 °C.

Om een gelijkmatige fermentatie te garanderen moeten de bonen worden gekeerd. Niet-gefermenteerde bonen zijn zo bitter als gal en erg zuur. De fermentatietijd bedraagt drie tot tien dagen; hoe beter de kwaliteit van de cacao, hoe korter.

Na de fermentatie worden de bonen gedroogd in de zon. In veel regio's gaat het drogen mechanisch of met houtrook, wat echter invloed kan hebben op de smaak; men heeft het dan over tonen van ham of rook. De gedroogde cacaobonen worden in jutezakken verpakt en verscheept. De teeltlanden hebben tot op heden nauwelijks een industrie voor de verdere verwerking van cacao opgebouwd, wat ook verband houdt met de daar heersende temperaturen. Maar de plaats van de verdere verwerking heeft geen effect op de smaak van de gefabriceerde chocolade. Bepalend zijn vooral de soort en de herkomst van de bonen en hoe de chocolade is geproduceerd.

De cacaoboon

Cacaobonen worden onderverdeeld in vier hoofdsoorten: forastero als bulkcacao en de edelcacaosoorten trinitario, arriba of nacional (die ten onrechte tot de forastero wordt gerekend) en criollo. Deze worden weer verdeeld in talloze ondersoorten. Het aanzien van de peulen en vruchten verschilt sterk in kleur: van geel, groen, bruin en allerlei roodtinten tot paars, karmozijn en purper.

Het voornaamste kwaliteitscriterium is bij de cacaoplant de soort: de forastero ('vreemdeling') wordt wereldwijd het meest geteeld, met Afrika als voornaamste teeltgebied. Het grootste voordeel van deze soort is dat hij zo robuust is dat hij minder vatbaar is voor ziekten. Bovendien geeft de forastero de grootste opbrengst, waardoor hij zo'n 80 procent van de wereldoogst uitmaakt. Op enkele uitzonderingen na is de smaak echter meestal flauw, bitter en weinig uitgesproken. De soort raakte in zwang doordat de prijs van de cacaobonen lange tijd een veel belangrijker criterium was dan de kwaliteit ervan.

De trinitario is afkomstig van het eiland Trinidad. Deze soort heeft bijna dezelfde kwalitatieve eigenschappen als de criollo maar is veel resistenter. De trinitariobonen vormen momenteel circa 10 procent van de wereldoogst. De nacional of arriba, ten slotte, is een soort edelcacao die uit Ecuador komt en van een uitstekende kwaliteit is. Hij maakt ongeveer 6 procent van de wereldoogst uit.

De criollo is de edelste onder de cacaosoorten. Hij heeft de meest verfijnde, aromatische, intense en gevarieerde smaak. Nadelen zijn de geringe opbrengst en de grote vatbaarheid voor ziekten. Zuivere criollo's zijn momenteel erg zeldzaam. Pas sinds kort worden de edele soorten weer intensiever geteeld. Men probeert ze wat resistenter te maken zonder de smaak te beïnvloeden. Door de hogere prijzen is de teelt van deze edele soorten lonend voor de boeren. Maar niet alleen economische aspecten spelen een rol. Ook de verantwoordelijke omgang met de natuur komt de cacao en de boeren ten goede. De dure edelcacao wordt ofwel aangeboden als pure regionale chocolade, ofwel als soorten zoals ocumare of porcelana of als plantagechocolade.

Chocolade van edelcacao uit bepaalde teeltgebieden bezet slechts een kleine niche. Hierbij wordt gegarandeerd dat een bepaalde soort bonen bij bepaalde plantages en telers is verwerkt. Hoewel de industrie is ingesprongen op de teelt van regionale chocolade is in het laagste prijssegment vrijwel geen edelcacao te vinden. Pas vanaf een zekere kwaliteit wordt aan gebruiksbonen een kleine hoeveelheid edelcacao toegevoegd. Aangezien het smaakbeeld constant moet blijven, worden de bonen gemengd.

Men spreekt dan van 'blends', een vakterm uit de thee- of whiskyproductie. Het principe is hetzelfde. De kunst van het combineren van cacaobonen vereist een speciale kennis. Maar niet alleen aan eenvoudige cacaosoorten uit Ivoorkust en Ghana wordt een kleine hoeveelheid edele bonen toegevoegd; ook bij hoogwaardige chocolade zorgen blends voor een perfecte smaak.

Geen orchidee maar de bloesem van een cacaoplant

Edelcacao arriba/nacional aan de boom

Cacaobonen tijdens de fermentatie

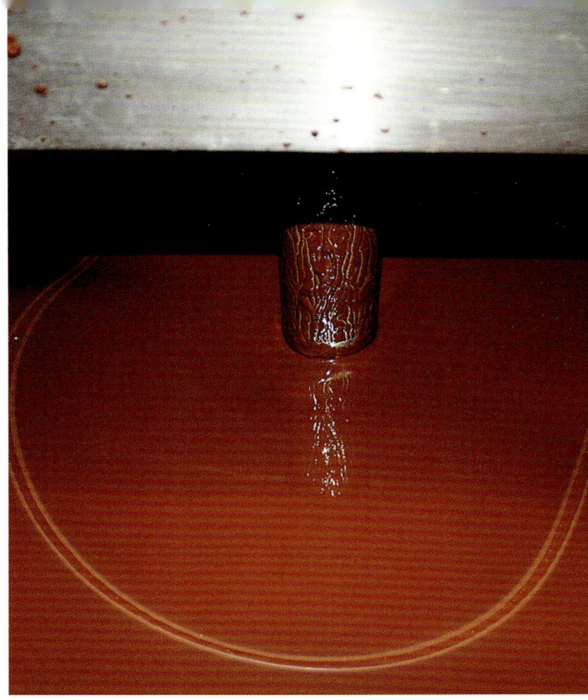

Vloeibare chocolade

De chocolade

Er is veel kennis en ervaring voor nodig om een chocolade van bovengemiddelde kwaliteit te maken en het is bepaald niet gemakkelijk om aan goede chocolade te komen. Huidige firma's zoals Amedei, Barry, Belcolade, Cocovic, Callebaut, Cluizel, Domori, Felchlin, El Rey, Lubeca, Scharfenberg of Valrhona, om er slechts enkele te noemen, produceren *origines*, dus terroir- of plantagechocolade.

In de fabrieken worden de cacaobonen eerst gereinigd. Daarna volgt het roosteren: hoogwaardige bonen worden 30-40 minuten geroosterd op 100-130 °C, maar mindere kwaliteiten gebruikscacao op 160-200 °C om de bittere stoffen, die in deze bonen veel sterker aanwezig zijn, te neutraliseren in de roosteraroma's. De boon wordt nu aanzienlijk donkerder, van cacaorood en lichtbruin tot donkere bruintinten. Door het roosteren wordt de suiker die in de boon zit gekaramelliseerd en worden natuurlijke aroma's zoals vanilletonen intenser. De natuurlijke cacaosmaak wordt geïntensiveerd en bittere smaken worden getemperd.

Doordat bij het roosteren bijna al het vocht aan de cacaobonen wordt onttrokken worden ze bros, waardoor de dop gemakkelijk loslaat. Dit gebeurt in een breekmachine die de doppen met perslucht scheidt van de cacaopitten, de nibs. Die nibs worden dan vermalen tot een taaie, deegachtige massa. Eigenlijk kan daaruit direct al chocolade worden gemaakt, maar om de kwaliteit constant te houden, ook wat betreft de verhoudingen van cacao, cacaoboter en de andere ingrediënten, wordt de cacaomassa onder hoge druk geperst om cacaopoeder en -boter van elkaar te scheiden, een procedé dat in de jaren twintig van de negentiende eeuw werd ontwikkeld en verfijnd door de Nederlandse chocoladefabrikant Van Houten.

Om chocolade te maken worden cacaopoeder en cacaoboter meestal in een vaste verhouding gemengd. Afhankelijk van de soort en de kwaliteit worden suiker en melkpoeder toegevoegd, evenals echte vanille of kunstmatige vanilline. Bij bijna alle chocolade voegt men ook een kleine hoeveelheid lecithine, meestal sojalecithine, toe zodat de massa homogeen en smeuïg blijft voor verdere verwerking.

Een machine verwerkt de ingrediënten tot een chocoladepasta die door enorme walsen wordt geplet tot een fijn, terracottakleurig poeder. Dit poeder komt in de conche, genoemd naar het Spaanse woord voor schelp, *concha*. Het apparaat kent diverse soorten. Bij de vlakke conche wordt de chocolade met metalen walsen op een granieten oppervlak uiterst fijn geslepen en gewalst; daarbij bereikt hij een temperatuur van 58 tot 65 °C. Dit is een van de oudste en beste manieren om chocolade te concheren. Tegenwoordig zijn er conches, zoals de kogelmolen, die aanzienlijk intensiever en sneller werken. Daarmee wordt de cacaomassa door kleine metalen kogeltjes samen met de andere ingrediënten direct stukgeslagen tot een brij. Bij goedkope chocolade wordt de concheertemperatuur verhoogd tot 99 °C om bittere stoffen en onaangename zuren milder te maken, net als vroeger, toen cacao langer werd geroosterd. Zulke gebruikschocolade wordt meestal niet langer dan 12 tot 18 uur geconcheerd. Bij handmatig concheren wordt de chocolade afhankelijk van de kwaliteit 72 uur of nog langer bewerkt. De chocolade wordt dan vloeibaar, smeuïger en aromatischer. Bovendien verdampt het azijnzuur dat zich door de fermentatie heeft gevormd. Alleen de beste chocolade doorloopt dit proces op traditionele wijze in 24 tot 72 uur.

Niet alle goede chocolade is echter bestand tegen lange concheertijden. Enkele edelcacao's houden het maar kort uit in de machine doordat ze door de oxidatie anders inboeten aan aroma en smaak. De chocolade is nu zo goed als klaar. Chocolatiers en banketbakkers verfijnen hem en werken hem perfect af.

Chocolade mag puur heten als hij minimaal 54 procent cacao bevat. Bij 65 procent of meer cacao spreekt men van extra pure chocolade. Pure chocolade heeft een smaak die vaak omschreven wordt als 'halfzoet', de smaak van extra pure chocolade noemen we 'bitterzoet'.

Aan melkchocolade zijn melkvetten in de vorm van melk en roompoeder toegevoegd. Deze heeft een cacaogehalte van 22 tot 49 procent. Hoe hoger het percentage, hoe sterker de chocoladesmaak.

Witte chocolade bevat geen cacaomassa. Hij bestaat uit melkvetten, cacaoboter en suiker, vandaar de witte kleur. Witte en melkchocolade mogen geen ander vet dan melkvet en cacaoboter bevatten terwijl in de pure soorten alleen cacaoboter behoort te zitten. Let daar wel op, want volgens een EU-verordening uit 2005 mag aan chocolade helaas ook 5 procent vreemde vetten worden toegevoegd, zoals palm- of arachideolie en rundervet in plaats van cacaoboter.

De kleur zegt niets over de kwaliteit van chocolade. Evenmin kunt u een goede chocolade louter herkennen aan een hogere prijs. Let erop dat de herkomst en cacaosoort op de verpakking zijn vermeld. Het percentage cacao houdt niet per se verband met kwaliteit.

Een hoogwaardige chocolade ervaart u met al uw zintuigen. Een goede chocolade moet, als u hem bij kamertemperatuur (21 °C) breekt, een duidelijk krakgeluid geven. Bovendien mag hij niet kruimelen, want dat duidt erop dat hij slecht geconcheerd is. Hij mag ook niet kleverig of melig zijn of vet aanvoelen aan de vingers, laat staan in de mond, en moet een complexe tot fruitige geur en een natuurlijke smaak hebben.

Chocolade moet bij 12 tot 18 °C worden bewaard op een droge en neutraal ruikende plaats. Bewaar hem niet in de koelkast, want dan neemt hij de geur van overige ingrediënten aan. Bovendien vormt zich bij de lage temperaturen condens, die een kristalachtig suikerlaagje op het oppervlak veroorzaakt. Wordt de chocolade warmer dan 25 °C, dan maakt de cacaoboter zich los van de cacaomassa en gaat de chocolade er grijs en vettig uitzien. Ook al is deze chocolade niet bedorven, er valt niet echt meer van te genieten. Chocolade met vreemde vetten raakt vervormd maar behoudt wel zijn glans.

Wie zijn niet meer zo smakelijk ogende tablet chocolade weer een fris uiterlijk wil geven, hoeft daarvoor niet veel te doen: los hem volledig op bij 48 °C, laat de massa afkoelen tot 22 °C en verwarm deze dan weer tot exact 32 °C. U kunt hem dan in een chocoladevorm gieten en laten afkoelen. Zo krijgt u weer een mooi stuk chocolade met glans en een aangename nasmaak. Dit proces wordt 'tempereren' genoemd.

SCHELL

Voorgerechten & soep

Net als een goed dessert wordt een geslaagd voorgerecht niet snel vergeten. Dit geldt des te meer als er een bijzonder ingrediënt aan te pas komt, zoals de chocolade in de hiernavolgende recepten. Die past niet alleen prima in een heerlijke soep of frisse antipasti, maar verrijkt ook allerlei soorten terrines en spreads.

Met dergelijke deskundig verfijnde voorgerechten creëert u een optimale basis voor een in alle opzichten perfecte maaltijd.

Terrine van veldgroenten met chocoladearoma

Bereiding: 1 uur
Afkoelen: 12 uur
Voor 6 personen

Ingrediënten

300-400 g blokjes groenten (courgette, paprika, wortels) | zonnebloemolie | zout | 500 g knolselderij, geschild en in blokjes | 500 g in de schil gekookte en gepelde aardappels (van de vorige dag) | 200 g yoghurt | 400 g kwark chocoladezout | versgemalen peper | geraspte schil van 1 biologische citroen en 1 biologische limoen | 1-2 el olijfolie | 20-30 g witte chocolade, geraspt | 8-10 blaadjes gelatine | 4 eidooiers 1-2 el witte wijn | 3 el fijngehakte kruiden (peterselie, kervel en bieslook) | 10-20 g cacaonibs

Voor de kruidenpannenkoek

120 g bloem | 2 eidooiers | 1,25 dl slagroom 2,5 dl melk | 1 snuf zout | versgemalen peper 1 el fijngehakte peterselie

- Bak in een pan de groenteblokjes even aan in wat olie en zet opzij.
- Breng in een andere pan water met wat zout aan de kook en kook daarin de selderij gaar. Giet hem af en pureer hem met een vork of aardappelpers. Rasp de aardappels grof.
- Meng de selderij, aardappels, yoghurt en kwark en breng op smaak met chocoladezout, peper, citrusrasp, olijfolie en chocolade. Doe de blokjes groente erbij.
- Laat de gelatine in koud water weken. Klop de eidooiers en wijn au bain-marie schuimig. Knijp de gelatineblaadjes uit en los ze hierin al roerend op. Doe dit mengsel samen met de kruiden en cacaonibs bij het groentemengsel.
- Klop voor de pannenkoek alle ingrediënten behalve de kruiden met een garde tot een glad beslag. Voeg de kruiden toe. Verhit wat olie in een koekenpan met antiaanbaklaag en bak daarin van het beslag een heel dunne pannenkoek.
- Bekleed een grote of meerdere kleine terrinevormen met de kruidenpannenkoek en schep de groentemassa erin. Laat circa 12 uur opstijven in de koelkast.

Ricotta-forelmousse met saffraanchocolade

Bereiding: 45 minuten
Afkoelen: 6 uur
Voor 4 personen

Ingrediënten

200 g gerookte zalm, in dunne plakjes
250 g gerookteforelfilet, zonder graten en vel
250 g ricotta | 80 ml slagroom, licht opgeklopt, plus 3 el slagroom | chocoladezout | versgemalen peper | geraspte schil van 1 biologische limoen | 3 blaadjes witte gelatine
25 g witte chocolade met saffraan, fijngehakt
60 g gerookte zalm, in stukjes

- Bekleed een terrinevorm met plakjes zalm.
- Snijd de forelfilet in stukjes en meng die met de ricotta. Roer er een gladde massa van en meng de opgeklopte slagroom erdoor. Breng op smaak met chocoladezout, peper en limoenrasp.
- Laat de gelatine in koud water weken. Verwarm 2 eetlepels slagroom en los daarin de witte chocolade op. Knijp de blaadjes gelatine uit en los ze op in 1 eetlepel slagroom in een pannetje op laag vuur. Verwarm de chocoladeroom tot maximaal 60 °C en roer de gelatineroom erdoor; roer dit mengsel vervolgens door de forelmousse.
- Spatel de stukjes zalm erdoor, schep de mousse in de terrinevorm en zet hem circa 6 uur koud weg. Stort de terrine dan op een schaal en snijd haar in plakken (zie foto).

Chocolade-espressofocaccia

Bereiding: 45 minuten
Rijzen: 2-3 uur
Voor 1 bakblik

Ingrediënten

60 g extra pure chocolade (70% cacao)
60 g gedroogde abrikozen
700 g bloem
25 g verse gist
1 tl zout
8 g espressobonen, gemalen
3 teentjes knoflook
1 takje rozemarijn
3 el olijfolie
1 tl zeezout

- Hak de chocolade en abrikozen fijn. Kneed de bloem, gist, 3,3 dl water, het zout en de gemalen espressobonen tot een glad deeg. Voeg de abrikozen en chocolade toe en kneed ze er grondig door. Het deeg moet zacht en elastisch zijn; voeg zo nodig nog wat water of bloem toe. Vorm het deeg tot een bal en laat die in een kom afgedekt 2-3 uur rijzen op een warme plaats, tot het in volume is verdubbeld.
- Verwarm de oven voor op 230-250 °C. Bekleed een bakblik met bakpapier en stort het deeg erop zonder het opnieuw te kneden. Druk het met uw handen plat tot een plak van 2-3 cm dik en prik het hier en daar in met een vork. Bak het dan 20-25 minuten in het midden van de oven.
- Pel en snipper intussen de knoflook. Spoel het takje rozemarijn af en schud het droog. Trek de naaldjes eraf en hak ze fijn. Roer ze met de knoflook door de olijfolie.
- Bestrijk de gebakken en nog warme focaccia met de knoflook-rozemarijnolie en bestrooi hem met het zeezout. Heerlijk bij een Italiaans plankje met ham en worst.

Tomatenantipasti met een zweem chocolade

Bereiding: 20 minuten
Marineren: 3-5 uur
Voor 4 personen

Ingrediënten

zonnebloemolie | 2-3 el bruine rietsuiker | 1 dl balsamicoazijn
1 dl halfdroge witte wijn
800 g rijpe kerstomaten
2 el fijngehakte kruiden (rozemarijn, tijm, kervel en basilicum)
1-2 el olijfolie | 35 g Rio Huimbi-chocolade uit Ecuador (42% cacao), gehakt | chocoladezout
grof gemalen peper | ½ tl rode en groene peperkorrels | basilicum om te garneren (naar wens)

- Verhit wat zonnebloemolie in een pan op halfhoog vuur en laat daarin de suiker karamelliseren. Blus af met de azijn en witte wijn en laat alles zacht pruttelen tot de karamel is opgelost.
- Voeg de tomaatjes toe en schud ze er even krachtig door. Doe het geheel vervolgens over in een schaal. Voeg de fijngehakte kruiden, olijfolie en gehakte chocolade toe, breng op smaak met chocoladezout, peper en peperkorrels en schep alles voorzichtig om. Breng de antipasti eventueel verder op smaak met meer balsamicoazijn en laat alles voor het serveren 3-5 uur marineren. Garneer desgewenst met basilicum (zie foto).

Tip: als u de tomaatjes licht inkerft, nemen ze de aroma's nog beter op.

Rammenas-selderijspread

Bereiding: 20 minuten
Voor 10 canapés

Ingrediënten

100 g zwarte rammenas, geschild
60 g knolselderij, geschild | 40 ml slagroom
chocoladezout | peper
20 g witte chocolade, fijngehakt
10 kleine sneetjes boerenbrood
30 g radijsjes, julienne gesneden
(om te garneren)

- Snijd de rammenas en selderij julienne of rasp ze. Meng beide met de slagroom en breng op smaak met chocoladezout en peper. Roer tot slot de fijngehakte chocolade erdoor. Rooster de sneetjes boerenbrood, bestrijk ze met de spread en serveer ze met de radijs.

Wortel-appelspread

Bereiding: 20 minuten
Voor 10 canapés

Ingrediënten

80 g wortels, geschild
40 g knolselderij, geschild
40 g appel | 40 g yoghurt
1 tl zonnebloemolie | citroensap
20 g witte chocolade met saffraan, gehakt
chocoladezout | 10 sneetjes stokbrood
20 g wortels, geschild, julienne gesneden
(om te garneren)
20 g hazelnoten, fijngehakt (om te garneren)

- Rasp de wortels en selderij. Snijd de appel in kleine stukjes.
- Meng de wortel, selderij en appel met de yoghurt, olie, citroensap naar smaak en chocolade en breng op smaak met chocoladezout.
- Rooster de sneetjes stokbrood, bestrijk ze met de spread en garneer ze met de julienne gesneden wortel en fijngehakte hazelnoten.

Notenspread

Bereiding: 15 minuten
Voor 600 g

Ingrediënten

250 g gedopte noten (alle soorten zijn goed)
250 g boter | chocoladezout
60 ml amaretto
40 g extra pure chocolade (70% cacao), fijngehakt
½ tl cacaonibs

Maal de noten fijn en doe ze in een kom. Voeg de boter toe, meng beide enigszins en breng op smaak met chocoladezout. Voeg de amaretto toe en klop het mengsel schuimig. Roer tot slot de chocolade en cacaonibs erdoor.

Kwarkstracciatella

Bereiding: 30 minuten
Voor 12 canapés

Ingrediënten

200 g kwark
50 ml slagroom
1 tl chocoladezout
40 g extra pure chocolade (70% cacao) uit bijvoorbeeld Tanzania

Roer de kwark en slagroom glad en meng het chocoladezout erdoor. Laat de spread goed afkoelen in de koelkast. Verwarm intussen de chocolade au bain-marie tot 44 °C, haal hem van het vuur, laat hem afkoelen tot 22 °C en verwarm hem dan opnieuw au bain-marie tot precies 32 °C. Dit proces noemt men 'tempereren'. Schenk de chocolade al roerend met een garde langzaam door de kwarkmassa. Door hem langzaam en constant door de zeer koude massa te roeren stolt de chocolade direct en vormt zo de stukjes chocolade die zo typisch zijn voor stracciatella.

Deze spread smaakt op alle soorten brood en is ook ideaal voor het garneren van amuses van volkorenbrood met tomaten of augurken.

Koude komkommersoep van Saint-Domingue-chocolade

Bereiding: 25 minuten
Voor 4 personen

Ingrediënten

1 komkommer
8 dl karnemelk
sap en geraspte schil van
½ biologische citroen
1 snuf gemalen koriander
30 g extra pure chocolade uit de Dominicaanse Republiek (70% cacao)
1 bosje dille
½ tl chocoladezout
versgemalen zwarte peper

Schil de komkommer, halveer hem overlangs, schraap het zaad eruit en snijd hem in plakjes (snijd eventueel enkele in reepjes om te garneren); pureer ze met de helft van de karnemelk, het citroensap en -raspsel en de koriander.

Laat de rest van de karnemelk in de vriezer heel licht opvriezen. Smelt de chocolade au bain-marie. Haal de karnemelk uit de vriezer en roer de chocolade er losjes door met een garde. De chocolade stolt direct en de karnemelk blijft wit, als vloeibaar stracciatella-ijs.

Hak de dille fijn maar bewaar een paar kleine takjes om te garneren. Roer de dille en chocoladekarnemelk door de komkommersoep. Breng op smaak met chocoladezout en peper en zet de soep afgedekt in de koelkast zodat de smaken zich kunnen ontwikkelen.

Roer de soep voor het serveren krachtig door en schep hem in gekoelde soepborden. Serveer hem desgewenst met reepjes komkommer en takjes dille.

Tip: u kunt de gesmolten chocolade ook heel dun op vetvrij papier strijken en in de koelkast leggen. Breek de afgekoelde chocolade in stukjes en doe die voor het serveren in de soep.

Pompoensoep met umamichocolade

Bereiding: 1 uur en 30 minuten
Voor 4 personen

Ingrediënten

800 g hokkaidopompoen
30 g gemberwortel, geschild
vleesbouillonblokje
2 dl slagroom, plus extra om te garneren | 50 ml riesling
sap van 1 sinaasappel (of 50 ml sinaasappelsap) | zout
versgemalen peper | suiker
50 g umamichocolade (38% cacao, gekruid met zout en citruskruiden), fijngehakt | 10 g pompoenpitten, geroosterd
pompoenpitolie

Doe de pompoen met de gember in een met water gevulde braadpan, zet die in de oven en kook de groente op 200 °C zacht; dit duurt circa 1 uur.

Haal de pompoen uit het water en laat hem afkoelen tot u hem kunt hanteren. Bewaar het kookvocht.

Los het bouillonblokje op in 3 dl van het kookvocht. Verwijder de pitten en draderige vezels uit de pompoen en pureer het vruchtvlees met de bouillon en gember.

Breng de puree aan de kook en roer dan de slagroom, riesling en het sinaasappelsap erdoor. Voeg zout, peper en suiker naar smaak toe en breng de soep weer aan de kook. Zet het vuur laag.

Roer de chocolade door de soep en serveer met geroosterde pompoenpitten, een paar druppels pompoenpitolie en een dot slagroom (zie foto).

Rodebieten-chocosoep

Bereiding: 45 minuten
Voor 4 personen

Ingrediënten

400 g rode bieten
vleesbouillonblokje
1 dl slagroom, plus extra om te garneren
30 g morellen-chili-jam (of morellenjam)
chocoladezout
versgemalen peper
suiker
50 g Venezolaanse Espelette-chocolade (70% cacao; op smaak gebracht met piment d'Espelette)

Schil de bieten, zet ze in een pan net onder water en kook ze in circa 30 minuten gaar. Haal ze dan uit het water. Los het bouillonblokje op in 4 dl van het kookvocht; gooi de rest van het kookvocht weg.

Doe de bieten met de vleesbouillon terug in de pan, pureer ze met een staafmixer en breng ze kort aan de kook. Voeg de slagroom toe en roer de jam erdoor. Voeg chocoladezout, peper en suiker naar smaak toe en breng de soep opnieuw aan de kook.

Zet het vuur laag en los de gehakte chocolade op in de soep; de soep mag niet meer koken. Schep de soep in borden en serveer hem naar wens met gefrituurde reepjes biet (zie onder) en een dot slagroom.

Goed om te weten: laat de gepureerde rode bieten niet meer hevig koken want dan verliezen ze hun kleur. Schaaf voor gefrituurde bieten de knollen in dunne repen en bestrijk die met olie. Bekleed een bakplaat met bakpapier en verdeel de reepjes biet erover. Dek ze af met bakpapier en leg er een tweede bakplaat op voor het gewicht. Laat de bietenrepen 1 uur drogen in een oven op 110 °C.

Peterseliesoep met Papua Rouge

Bereiding: 50 minuten
Voor 4 personen

Ingrediënten

400 g peterseliewortel of pastinaak
4 dl vleesbouillon (blokje)
80 ml slagroom, plus extra om te garneren
50 ml droge witte wijn
zout | versgemalen pondicherry-peper | suiker
35 g Papua Rouge-chocolade met rode pondicherrypeper (38% cacao), gehakt
peterselie of chocoladezout, om te garneren

Schil de peterseliewortels of pastinaken en snijd ze in blokjes van 2 cm. Verhit tegelijk de bouillon. Doe de blokjes groente in de kokende bouillon en kook ze in 30-40 minuten gaar.

Pureer de groente in de bouillon met een staafmixer. Roer de slagroom, wijn, wat zout en peper en een snuf suiker erdoor en breng de soep aan de kook. Verdun hem eventueel met meer vleesbouillon als hij te dik is.

Zet het vuur laag en roer de chocolade met de garde door de soep.

Schep de soep in borden en garneer met opgeklopte slagroom en peterselie of chocoladezout. Bestrooi de slagroom desgewenst met nog wat gehakte chocolade.

Schuimende cantharellensoep met witte chocolade

Bereiding: 25 minuten
Voor 4 personen

Ingrediënten

- 100 g uien, gesnipperd
- 2 el macadamiaolie
- 500 g cantharellen, schoongemaakt
- 80 ml witte port
- 8,5 dl groentebouillon
- 3 dl slagroom
- noctmuskaat
- versgemalen witte peper
- 80 g witte chocolade, gehakt

- Fruit de ui in 1 eetlepel macadamiaolie, voeg 400 gram cantharellen toe en bak ze kort mee. Blus af met de port en schenk de bouillon en slagroom erbij.
- Breng de soep aan de kook en laat hem circa 10 minuten pruttelen, tot de paddenstoelen zacht zijn. Bak intussen de rest van de cantharellen kort in een kleine koekenpan in de overige olie.
- Pureer de soep met een staafmixer en breng op smaak met nootmuskaat en peper. Zet het vuur laag, doe de chocolade in de soep en los hem daarin al roerend op. Zeef de soep.
- Schep de soep in borden en serveer hem met de cantharellen.

Schuimend kastanjesoepje met macadamiachocolade

Bereiding: 20 minuten
Voor 4 personen

Ingrediënten

- 400 g gepelde en gekookte kastanjes (vacuüm verpakt)
- 2 dl slagroom, plus extra om te garneren
- 1 dl port
- 1-2 el brandy
- 3 dl vlees- of kippenbouillon (blokje)
- zeezout
- versgemalen peper
- 1 snuf cayennepeper
- 50 g macadamiachocolade met Tahitiaanse vanille (42% cacao), fijngehakt, plus extra om te garneren

- Houd 2 kastanjes apart om te garneren. Pureer de rest in de keukenmachine samen met de slagroom, port en brandy. Breng de bouillon aan de kook en roer de kastanjepuree erdoor. Breng de soep aan de kook, breng op smaak met zout, peper en cayennepeper en breng hem opnieuw aan de kook.
- Zet het vuur laag en roer de chocolade door de niet langer kokende soep. Breng opnieuw op smaak en laat de soep met een staafmixer flink schuimen.
- Schep het schuimende soepje in voorverwarmde diepe borden en serveer elke portie met een dot slagroom, fijngehakte chocolade en geschaafde kastanjes.

Variant: u kunt de soep serveren met gebakken en in spek gewikkelde peren of vers gebakken scampi's of sint-jakobsschelpen.

Wijntip: een op barrique gerijpte witte wijn is hier perfect bij! Of een chardonnay of grauburgunder (pinot gris) – als hij maar rijk van smaak is. Een op barrique gerijpte spätlese-kwaliteit heeft de gewenste stevigheid en een filmend mondgevoel. Een ander voordeel is dat de betere kwaliteiten wat meer alcohol bevatten en de soep lekkerder maken.

Ossenstaartsoep met São Tomé-chocolade

De extra pure chocolade uit São Tomé accentueert de sterke vleessmaak, completeert het aroma van de soep en bindt die licht.

Bereiding: 2 uur
Voor 6 personen

Ingrediënten

25 g boterolie (geklaarde boter of ghee)
650 g ossenstaart
1½ ui, gesnipperd
50 g prei, in ringen
50 g knolselderij, geschild en in stukjes
50 g wortels, geschild en in stukjes
50 g peterseliewortel, geschild en in stukjes
½ tl bruine suiker | 25 g bloem
1 el brandy | 1 blik (400 g) gezeefde tomaten
2,5 liter runderbouillon | 5 jeneverbessen
1 laurierblaadje | zout | versgemalen peper
80 ml slagroom | 80 ml madera
35 g extra pure chocolade uit São Tomé (70% cacao), fijngehakt

Verhit de boterolie in een braadpan. Leg de ossentaart erin en braad hem op hoog vuur rondom flink aan. Voeg alle groenten toe en bak ze eveneens flink aan.

Strooi de suiker erover en laat die karamelliseren. Bestuif alles met bloem en laat die bruin kleuren. Blus af met de brandy en voeg dan de tomaten, 1 liter runderbouillon, de jeneverbessen en het laurierblaadje toe. Breng het geheel aan de kook.

Zet het vuur op halfhoog. Schenk de rest van de bouillon bij het gerecht en breng op smaak met zout en peper.

Laat de ossenstaart afgedekt 1 uur en 20 minuten sudderen op laag vuur, tot het vlees gemakkelijk loskomt van het bot. Haal hem uit de bouillon, laat hem iets afkoelen en verwijder bot, vet en zenen. Snijd het vlees dan in blokjes.

Zeef de bouillon in een pan en breng hem nogmaals aan de kook. Roer de slagroom en madera door elkaar en doe dit mengsel bij de soep. Warm die opnieuw door maar laat hem niet meer koken. Roer de gehakte chocolade door de soep en voeg het vlees toe.

Lekker met: een mooi, stevig brood uit de houtoven.

Wijntip: een pittige spätburgunder, minstens spätlese-kwaliteit, komt hier goed tot zijn recht. Als de druiven van de spätburgunder (of pinot noir, zoals de Fransen zeggen) tijdens de pluk erg rijp waren, ontwikkelen zich vaak aroma's die doen denken aan pure chocolade. Vanwege de stoofgroenten – hier prei, selderij en wortels – zijn op kleine eikenhouten vaten gerijpte wijnen bijzonder geschikt. De roosteraroma's versmelten perfect met elkaar.

Kreeftensoep met witte chocolade en gamba's

Verfijnde zeekreeft en edele saffraanchocolade: een betoverende combinatie.

Bereiding: 2 uur en 35 minuten
Voor 6 personen

Ingrediënten

2 kleine zeekreeften uit de diepvries
4 gamba's | plantaardige olie om te bakken
80 g knolselderij, geschild en in stukjes
80 g wortels, kleingesneden
80 g uien, gesnipperd
½ pittige chilipeper | 1 el tomatenpuree
1 snuf bruine suiker | 1 laurierblaadje
2 kruidnagels | 5 witte peperkorrels
l liter slagroom | 1 el kreeftenpasta
20 g boterolie (geklaarde boter of ghee)
80 ml cognac
80 ml Noilly Prat (of een andere vermout)
80 ml witte port | zout | versgemalen peper
60 g witte chocolade met saffraan, gehakt
(of 60 g witte chocolade en 4 saffraandraadjes)
2 el pernod

Laat de kreeften een nacht ontdooien in de koelkast. Haal het vlees uit de staart en scharen en snijd het klein. Bewaar de pantsers. Pel de gamba's, maar laat de staart zitten; bewaar de schalen.

Verhit wat olie in een braadpan en braad daarin de kreeftenpantsers en gambaschalen flink aan. Voeg de groenten en chilipeper toe en bak ze mee. Doe dan de tomatenpuree en suiker erbij en laat de laatste karamelliseren. Blus af met 1,5 liter water en voeg het laurierblaadje, de kruidnagels en peperkorrels toe.

Laat de fond onafgedekt op laag vuur inkoken tot circa 7 dl. Klop intussen 1 dl slagroom stijf en zet hem koud weg.

Zeef de ingekookte kreeftenfond in een tweede pan en verwarm hem met de rest van de slagroom. Voeg de kreeftenpasta toe en laat alles zachtjes koken.

Verhit in een pan de boterolie op halfhoog vuur, voeg het kreeftenvlees toe en schud het even door de olie. Blus af met de cognac en steek die aan. Voeg de vermout en port toe en breng flink aan de kook. Doe de inhoud van de pan bij de soep en breng op smaak met zout en peper. Zet het vuur laag en roer 40 gram chocolade met saffraan door de soep. Die mag nu niet meer koken.

Bak nu de gamba's aan elke kant even aan in wat olie. Neem de pan van het vuur, glaceer de gamba's met de rest van de chocolade en breng ze op smaak met de pernod.

Schep de soep in borden en serveer hem direct met de opgeklopte slagroom en gamba's. Strooi er desgewenst wat saffraanpoeder over. Lekker met geroosterd witbrood.

Wijntip: traditioneel wordt hier een witte bourgogne bij geserveerd. Het maakt niet uit of witte bourgogne of chardonnay afkomstig is uit Frankrijk of Duitsland: ze zijn gelijk wat betreft filmend mondgevoel, stevigheid en elegantie.

Salades & bijgerechten

Waarom zou u niet ook een salade kunnen verfijnen met chocolade? Het is een verfijnde smaakmaker die romige dressings en vinaigrettes een intens aroma geeft dat uitstekend past bij bijna alle salades. Groente gaat bijzonder goed samen met pure maar ook met melkchocolade. En gebruikt u chocolade in klassieke bijgerechten als polenta of pasta, dan krijgen ook deze welbekende gerechten een heel nieuw elan.

Voorjaarssalade met asperges en een zweem chocolade

Chocolademosterd en -zout geven de dressing een fijn chocoladearoma, dat u nog kunt versterken door de salade te bestrooien met geraspte chocolade of cacaonibs.

Bereiding: 30 minuten
Voor 4 personen

Ingrediënten

16 witte en 16 groene asperges
boter | zout | suiker
4 handen gemengde-slabladeren (bijvoorbeeld radicchio, eikenblad, frisee, rucola, lollo rosso)
2 kruimige aardappels
olie om te frituren

Voor de vinaigrette

50-60 g chocolademosterd
80 ml-1 dl lichtzoete mousserende wijn
1-2 el sherryazijn
2 el zonnebloemolie
2 sjalotten, gesnipperd
1 bosje bieslook, fijngeknipt
chocoladezout
versgemalen peper
suiker
kervel of peterselie, om te garneren

Schil de witte asperges helemaal en van de groene alleen het onderste derde deel. Breng in een pan water aan de kook. Doe er wat boter, zout en een snufje suiker bij en kook de asperges daarin circa 8 minuten.

Haal de asperges uit de pan en leg ze op een theedoek. Snijd circa 8 cm van de punten en schik de lauwe groente op vier borden.

Was de sla en schik de bladeren als een boeketje naast de asperges.

Klop voor de vinaigrette de chocolademosterd, wijn, azijn en olie door elkaar. Roer de sjalot en het bieslook erdoor en breng de vinaigrette op smaak met chocoladezout, peper en wat suiker.

Schil de aardappels en snijd ze eerst in dunne plakjes en dan in heel dunne reepjes. Verhit olie om te frituren en bak de aardappelreepjes in het vet tot aardappelstro. Schep ze uit de olie en laat ze uitlekken op een theedoek of keukenpapier.

Schenk de vinaigrette over de asperges en sla. Serveer elke portie met wat aardappelstro en kervel of peterselie.

Variant: u kunt de salade wat steviger maken door kalkoenfilet toe te voegen. Snijd hiervoor na het bakken van het aardappelstro 400 gram kalkoenfilet in reepjes, bestrooi die met chocoladezout, versgemalen peper en suiker en bak ze in 50 ml olie. Schik het nog warme vlees op de asperges. Serveer de salade met aardappelstro en kervel.

Stevige sinaasappel-rodekoolsalade

Bereiding: 40 minuten
Voor 4 personen

Ingrediënten

2 biologische sinaasappels
350 g rodekool | 250 g wortels
50 g rozijnen
150 g mayonaise
3 el fijngehakte gemengde noten
1 el oude balsamicoazijn
15 g melkchocolade, fijngehakt
15 g extra pure chocolade
(70% cacao), fijngehakt
zout
versgemalen zwarte peper

Rasp de schil van 1 sinaasappel en zet het raspsel opzij. Trek van de tweede sinaasappel de schil met een zesteur in reepjes en zet die opzij. Schil beide sinaasappels met een scherp mes, waarbij u ook het bittere wit verwijdert, en verdeel de vruchten in partjes. Houd vier partjes apart en snijd de andere elk in drie stukjes.

Snijd de rodekool in dunne reepjes, rasp de wortels en doe beide met de rozijnen in een slakom. Schep voorzichtig twee derde van de stukjes sinaasappel erdoor.

Meng de mayonaise, het sinaasappelraspsel, de noten, azijn en beide soorten chocolade; doe het mengsel bij de salade en breng op smaak met zout en peper. Schep alles goed om tot alle ingrediënten zijn bedekt met mayonaise. Serveer de salade direct met de rest van de sinaasappelstukjes en -partjes en de reepjes schil (zie foto).

Wijntip: muskaatwijn ruikt en smaakt vaak als een mand rijpe sinaasappels. Verras uw gasten door een bittere of droge muskaatwijn bij de sinaasappelsalade te schenken.

Chocoladerissoles met geitenkwark

Bereiding: 1 uur + 1 uur rusten
Voor 6 personen

Ingrediënten

150 g bloem | 50 g cacao
2 eieren | zout | 1 eiwit

Voor de vulling

150 g snijbiet | 150 g geitenkwark
50 g Parmezaanse kaas, vers geraspt
10 g extra pure chocolade uit Uganda
(85% cacao), gehakt
20 g Rio Huimbi-chocolade uit
Ecuador (42% cacao), gehakt
25 g gedroogde abrikozen, fijngesneden | 15 g pijnboompitten,
geroosterd en grof gehakt | 1 eidooier
chocoladezout | versgemalen peper
1 snufje nootmuskaat
boter voor erbij

Zeef de bloem en cacao in een kom en maak een kuiltje in het midden. Klop de eieren los en giet ze met een snufje zout in het kuiltje. Kneed alles tot een soepel deeg; voeg eventueel wat water toe. Laat het deeg in plasticfolie gewikkeld 1 uur rusten in de koelkast.

Haal de bladeren van de snijbiet los. Blancheer ze 1-2 minuten in kokend water en laat ze direct schrikken in ijswater. Laat ze uitlekken in een zeef en knijp ze goed uit. Hak het blad dan grof, meng het goed met de overige ingrediënten voor de vulling en breng op smaak met chocoladezout, peper en nootmuskaat.

Rol het deeg uit tot een lap van 1,5 mm dik en snijd het in vierkanten van 10 x 10 cm. Bestrijk de randen met eiwit. Leg midden op elk vierkant 1-2 theelepels vulling. Vouw de rissoles dubbel en druk de randen met uw vingers goed op elkaar.

Breng in een grote pan water met wat zout aan de kook en kook daarin de rissoles circa 2 minuten. Schep ze uit de pan, laat ze even uitlekken en druppel er voor het serveren wat boter over.

Yoghurtdressing

Bereiding: 30 minuten
Afkoelen: 4 uur
Voor 10 personen

Ingrediënten

80 ml plantaardige olie
500 g uien, grof gehakt
1 teentje knoflook, gehakt
1 liter kalfs-, kippen- of runderbouillon zonder gestolde stukjes vet
500 g gekookte aardappels, in grote stukken
200 g yoghurt | 2 dl azijn
zout | versgemalen peper | suiker
30 g witte chocolade, geraspt

- Verhit de olie in een koekenpan en fruit daarin de ui en knoflook maar laat ze niet bruin worden. Schenk de bouillon erbij en laat hem pruttelen tot de ui zacht is.
- Voeg de aardappels toe, laat alles nog even koken en vervolgens afkoelen. Pureer het met een staafmixer, voeg de yoghurt en azijn toe en meng alles nogmaals krachtig door elkaar.
- Breng de dressing op smaak met zout, peper, suiker en de chocolade en zet hem circa 4 uur in de koelkast. Roer hem voor gebruik nogmaals door en verdun hem zo nodig met wat yoghurt of melk. Hij moet enigszins romig zijn.

Varianten: de dressing kan ook worden gemaakt met andere soorten chocolade, azijn en olie. Desgewenst kunt u er ook kruiden, chocolademosterd of peperkorrels aan toevoegen.

Champagnedressing met een hint van chocolade

Bereiding: 10 minuten
Voor 4 personen

Ingrediënten

2 el druivenpitolie
4 el olijfolie | 1 el saffloerolie
2 el wittewijn- of champagneazijn
3 el champagne of lichtzoete mousserende wijn
20-30 g witte chocolade, geraspt
zeezout | versgemalen witte peper
suiker

- Meng alle soorten olie, de azijn, champagne en chocolade met een staafmixer tot een homogene dressing en breng die op smaak met wat zeezout, peper en suiker. De dressing smaakt uitstekend bij veldsla of rucola, maar ook bij andere bladsla met een uitgesproken smaak.

Sherry-walnootdressing

Bereiding: 15 minuten
Voor 10 personen

Ingrediënten

50 g extra pure chocolade uit Mexico (70% cacao), gehakt
3 dl koude runder- of groentebouillion
1,6 dl sherryazijn
2 dl halfdroge sherry | 2 dl walnootolie
chocoladezout | suiker

- Smelt de chocolade in de bouillon in een pan op halfhoog vuur, maar laat hem niet koken. Laat hem even afkoelen en doe hem dan met de azijn, sherry en olie plus 1 kleine eetlepel chocoladezout en 1 eetlepel suiker in een hoge pot. Meng alles grondig met een staafmixer en breng op smaak. De dressing past prima bij een blad- en kruidensalade.

Biscuitruiten met chocolade

Bereiding: 25 minuten
Voor 6-8 personen

Ingrediënten

5 eieren | 100 g bloem, gezeefd
50 g extra pure chocolade (70% cacao)
½ tl chocoladezout
½ tl cacaonibs

- Verwarm de oven voor op 160 °C.
- Splits de eieren en klop het eiwit tot stijve pieken. Roer de dooiers schuimig en spatel ze met de bloem en chocolade voorzichtig door het eiwitschuim. Voeg het chocoladezout en de cacaonibs toe.
- Vet een bakplaat in of bekleed hem met bakpapier. Strijk het biscuitdeeg erop uit in een laag van 1 cm en bak dat circa 10 minuten. Stort het op een plank, laat het afkoelen en snijd het in ruiten.

Tip: u kunt ook kleine blokjes ham, groente of kruiden door het deeg mengen. De ruiten zijn lekker in de soep of als croutons op een salade.

Appel-sherrydressing

Bereiding: 5 minuten
Voor 4 personen

Ingrediënten

2 el sherryazijn | 4 el appelsap
2 el saffloerolie of olijfolie
chocoladezout | versgemalen peper
¼ appel, geschild en kleingesneden

- Klop de azijn, het appelsap en de olie door elkaar en voeg wat chocoladezout en peper toe. Schep tot slot de stukjes appel erdoor.

Kipsalade met curry-chocodip

De witte chocolade maakt de dip romig en geeft hem een exotisch aroma.

Bereiding: 45 minuten
Afkoelen: 1 uur
Voor 4 personen

Ingrediënten

6 kipfilets
zout | versgemalen zwarte peper
6 dl kippenbouillon
1,5 dl droge witte wijn | olijfolie
2 rode paprika's | 4 kleine courgettes
35 g witte chocolade, gehakt
2 tl gele currypasta | 250 g mayonaise
chocoladezout
1 kleine honingmeloen | 1 kleine kropsla
2 el fijngehakte peterselie

Bestrooi de kipfilets royaal met zout en peper. Schenk de bouillon en wijn in een pan met dikke bodem waarin alle filets naast elkaar passen. Breng aan de kook, leg de filets erin en kook ze in 5-10 minuten goed gaar. Keer ze eenmaal halverwege de kooktijd. Neem de pan van het vuur en laat de filets afkoelen in de bouillon.

Verwarm de ovengrill voor op de hoogste stand en vet het grillrooster licht in met olie.

Halveer de paprika's en verwijder zaad en zaadlijsten. Leg de helften met de bolle kant naar boven op het grillrooster, bestrijk ze royaal met olie en gril ze 10 minuten, tot de schil zwart blakert en blazen vertoont. Laat de paprika's iets afkoelen, trek het vel eraf en snijd ze overlangs in dunne reepjes.

Snijd de courgettes in dunne plakjes en blancheer die kort in kokend water met zout tot ze beetgaar zijn. Giet ze af en laat ze direct afkoelen onder koud water en uitlekken.

Smelt de witte chocolade au bain-marie. Roer de currypasta en gesmolten chocolade door de mayonaise en voeg chocoladezout en peper toe.

Haal de kipfilets uit de bouillon en laat ze uitlekken. Gebruik de bouillon voor een ander gerecht. Snijd elke filet dwars in drie stukken en dan in dunne reepjes. Halveer de meloen, schraap de pitten eruit, schil de vrucht en snijd hem in blokjes van 2 cm.

Schik op een langwerpige schaal een bedje van sla. Schik daarop de reepjes paprika en kip, de plakjes courgette en de blokjes meloen naast elkaar en bestrooi met peterselie. Serveer de salade met de curry-chocodip.

Wijntip: paprika en sauvignon blanc vormen al een onovertroffen combinatie, maar samen met honingmeloen en curry worden de wijn en het gerecht nog specialer. Kenners twisten altijd over welke sauvignon blanc de beste is, die uit Nieuw-Zeeland of die uit het Oostenrijkse Stiermarken. Mijn tip: probeer eens een sauvignon blanc uit de Duitse Palts!

Komkommer-chocoladesalade

Bereiding: 30 minuten
Voor 4 personen

Ingrediënten

2 komkommers
1 el boter of zonnebloemolie
1 sjalot, gesnipperd
1 dl zure room of slagroom
30-40 g witte chocolade,
gehakt | bloem (naar keuze)
chocoladezout
versgemalen peper
wat dille (of peterselie)

- Schil de komkommers, halveer ze overlangs, schraap het zaad eruit en snijd ze in stukjes.
- Verhit de boter in een koekenpan en bak daarin de komkommer en sjalot licht aan op halfhoog vuur. Voeg de zure room en chocolade toe.
- Strooi er desgewenst wat bloem over (hoogstens 1 eetlepel) en roer die erdoor zodat de salade iets bindt.
- Breng op smaak met chocoladezout, peper en dille.

Tip: u kunt de salade ook verfijnen met ontvelde en in blokjes gesneden tomaten zonder zaad. In plaats van komkommer kunt u de salade ook bereiden met courgette of pompoen.

Groenten in kokossaus

Bereiding: 40 minuten
Voor 4 personen

Ingrediënten

150 g wortels, in reepjes
70 g rode paprika, in stukjes
100 g peultjes, in reepjes
1 venkelknol, in stukjes
cacaoboter om te bakken
100 g ananas, in stukjes
70 g physalis (lampionplant),
gehalveerd
½ chilipeper, zaad verwijderd,
fijngehakt
¼ tl koriander, fijngemalen in een vijzel
30 g gemberwortel, kleingesneden
1 el ananasjam
3 el droge sherry
5 dl kokosmelk
25 g melkchocolade
(38-42% cacao), gehakt
chocoladezout
versgemalen zwarte peper
sojasaus

- Fruit elke groente apart in wat cacaoboter in een grote koekenpan en houd ze warm; de groenten moeten nog iets beet hebben. De venkel mag iets geroosterd worden maar de peultjes mogen alleen even door de pan worden geschud. Fruit de ananas en houd hem warm in een schaal. Schud de physalis alleen even door de cacaoboter.
- Smelt opnieuw wat cacaoboter in de pan. Bak daarin eerst de chilipeper en dan de koriander even aan. Voeg de gember en ananasjam toe, roer ze erdoor, breng alles kort aan de kook en blus af met de sherry en kokosmelk. Laat het geheel even flink doorkoken.
- Strooi de gehakte chocolade erover, laat hem smelten en breng de saus op smaak met chocoladezout, peper en sojasaus. Schep kort voor het serveren de vruchten en groenten erdoor (zie foto).

Lekker met: basmatirijst. Doe direct bij het koken een paar draadjes goede Iraanse saffraan bij de rijst en meng er na het koken tevens twee reepjes witte chocolade door. Nog een theelepel boter erbij en de rijst is perfect.

Rodekool met appel

Bereiding: 1 uur en 15 minuten
Marinieren: 30 minuten
Voor 4 personen

Ingrediënten

½ rodekool | zout | suiker
1 dl appelsap | 50 ml sinaasappelsap
1 dl rode wijn | 40 ml appelazijn
30 g ganzenreuzel
1 ui, in reepjes
100 g extra pure chocolade uit Tanzania
(75% cacao), in stukjes
200 g appelmoes | 1 tl maizena

Specerijenbuideltje

5 jeneverbessen | 2 laurierblaadjes
1 teentje knoflook | 2 kruidnagels
½ kaneelstokje

- Snijd de rodekool in dunne reepjes en doe die in een kom. Meng er wat zout, suiker, het appel- en sinaasappelsap, de wijn en appelazijn door en laat de kool een halfuur marineren.
- Smelt de reuzel in een grote pan en fruit daarin de ui zonder dat hij bruin wordt. Voeg de gemarineerde rodekool toe, leg het specerijenbuideltje erin en kook de groente afgedekt op laag vuur circa 45 minuten. Verwijder het specerijenbuideltje, voeg de chocolade toe en laat hem smelten. Laat de rodekool nog 15 minuten verder gaar worden.
- Breng de groente op smaak met appelmoes. Maak, om de groente iets te binden, de maizena aan met wat water en roer dit papje erdoor.

Goed om te weten: regionale chocolade uit Tanzania is fruitig met goede zuren en een licht bittere toon. Hij gaat uitstekend samen met rodekool. Een ander pluspunt is dat hij de kool bindt.

Linzenschotel

Bereiding: 40 minuten
Weken: 12 uur
Voor 4 personen

Ingrediënten

40 g rode linzen | 40 g groene linzen
(Puylinzen) | 40 g berglinzen uit Umbrië
(fijne bruine linzen) | 2 el olie of cacaoboter
60 g uien, gesnipperd
100 g bacon, kleingesneden
1 msp. gekneusde knoflook
250 g gemengdegroenteblokjes (liefst diepvries) |
60-80 ml bouillon of tafelwijn (liefst riesling)
1,5 dl slagroom | chocoladezout
40 g melkchocolade uit Java
(38% cacao), gehakt | 2 el sherryazijn
kruiden (bieslook, peterselie, kervel,
dragon), fijngehakt

- Laat de drie soorten linzen apart 12 uur weken. Doe ze dan in een zeef en spoel ze af onder de koude kraan.
- Verhit de olie in een pan op halfhoog tot laag vuur en fruit daarin de ui, bacon en knoflook kort aan. Meng de groene en bruine linzen en de groenteblokjes erdoor, blus af met de bouillon en laat het geheel op halfhoog vuur even inkoken. Schenk de helft van de slagroom erbij, breng op smaak met chocoladezout en laat het geheel inkoken tot het romig is.
- Voeg de rode linzen en melkchocolade toe en laat alles opnieuw kort koken. Breng op smaak met azijn en chocoladezout, neem de pan van het vuur en laat de linzen iets wellen. Klop intussen de rest van de slagroom licht op.
- Is de groente afgekoeld tot circa 55 °C, meng dan de slagroom en kruiden erdoor (zie foto).

Vossenbessen-chocotaartjes

Bereiding: 1 uur en 15 minuten
Afkoelen: 30 minuten
Voor 4 personen

Ingrediënten

Voor het deeg

150 g boter, plus extra om in te vetten
30 g suiker | 1 snuf zout | 1 ei
250 g bloem, gezeefd, plus extra om te bestuiven
20 g cacao

Voor de vulling

75 ml slagroom | ½ vanillestokje
75 g melkchocolade (38% cacao)
75 g extra pure chocolade (70% cacao)
2 eieren, losgeklopt | 1 el rietsuiker
8 tl vossenbessen (uit pot)

Meng voor het deeg de boter, suiker, het zout en ei. Voeg de bloem en cacao toe, kneed alles vlug tot een zanddeeg en leg dit minstens een halfuur in de koelkast.

Verwarm de oven voor op 170 °C (heteluchtstand). Bestuif het werkblad met bloem en rol het deeg uit tot een lap van circa 3 mm dik. Steek er acht rondjes uit met een doorsnee van 6,5 cm. Vet acht taartvormpjes in, bekleed ze met het deeg en dan met bakpapier, leg er bakbonen in en bak het deeg 4-5 minuten in de oven. Verwijder papier en bonen en bak de deegbakjes in 4-8 minuten goudgeel.

Verwarm de slagroom in een pan maar laat hem niet koken. Splijt het vanillestokje, schraap het merg eruit en doe dat met het stokje bij de slagroom. Hak de chocolade fijn en los hem op in de slagroom. Meng de losgeklopte eieren erdoor. Verwijder het vanillestokje, schenk de chocolademassa in de vormpjes en bak die 20-25 minuten. Haal ze uit de oven, bestrooi ze met de rietsuiker en karamelliseer die met een gasbrander. Schep op elk taartje een theelepel vossenbessen (zie foto).

Chocoladespätzle

Bereiding: 45 minuten
Voor 4 personen

Ingrediënten

350 g patentbloem
50 g cacao, sterk ontvet, of 50 g extra pure chocolade (85% cacao), gesmolten
zout
4 eieren
1 tl boter

Meng in een kom de bloem, cacao, 1 theelepel zout en de eieren. Roer er langzaam 2,7 dl water op kamertemperatuur (circa 22 °C) door tot er een enigszins taai deeg ontstaat; voeg zo nodig wat meer water toe. Kneed het deeg tot het bubbels vertoont. Breng in een grote pan circa 2 liter water aan de kook tot het gaat borrelen. Voeg een flinke snuf zout en de boter toe.

Knijp het deeg door een aardappel- of speciale spätzlepers boven het kokende water. Laat het kort koken. Schep de spätzle er met een schuimspaan uit zodra ze komen bovendrijven, leg ze in een kom met koud water en haal ze daar direct weer uit. Houd ze warm in de warme oven. Herhaal dit proces tot al het deeg op is.

Chocoladepolenta

Bereiding: 25 minuten
Voor 4 personen

Ingrediënten

7 dl groentebouillon
3 dl melk
250 g maisgries (polenta)
2 el cacaonibs
1 flinke snuf zout
40 g boter
75 g Parmezaanse kaas, vers geraspt
olie, om in te vetten
cacaoboter

Doe de groentebouillon met de melk in een pan en breng aan de kook. Voeg het maisgries in een stroompje al roerend toe en laat het pruttelen op laag vuur. Roer daarbij constant tot onder in de pan, polenta brandt namelijk snel aan. Na circa 10 minuten vormt de polenta een dikke massa. Roer nu de cacaonibs, het zout, de boter en Parmezaanse kaas er grondig door.

Vet een bakblik in met olie en bekleed het met plasticfolie. Strijk de polenta erover uit en laat hem afkoelen. Snijd de koude polenta in ruiten en bak ze in cacaoboter.

Chocopuree

Bereiding: 50 minuten
Voor 6 personen

Ingrediënten

1 kg kruimige aardappels
zout
2 dl slagroom
1 dl melk
50 g cacao
nootmuskaat of foelie, vers geraspt
80 g zeer zachte boter
1 el cacaonibs

Boen de aardappels grondig schoon en kook ze in ruim water met wat zout gaar in 20-25 minuten. Giet ze af, pel ze terwijl ze nog warm zijn en knijp ze dan door een aardappelpers boven een schaal of stamp ze fijn.

Verwarm de slagroom en melk, roer de cacao erdoor en voeg dan wat zout en nootmuskaat toe. Roer de warme vloeistof door de aardappelpuree. Meng tot slot de boter en cacaonibs door de puree en serveer direct.

Tip: staat de bruine kleur van de puree u niet aan, laat de cacao dan weg. De cacaonibs geven ook al smaak, maar geen kleur.

Cacaognocchi

Bereiding: 1 uur en 15 minuten
Voor 6 personen

Ingrediënten

800 g kruimige aardappels
1 el boter
chocoladezout
2 eieren
100 g bloem
30 g cacao, sterk ontvet
2 el cacaonibs

- Boen de aardappels schoon, zet ze in een pan onder water en kook ze gaar. Pel de nog warme aardappels, knijp ze door een aardappelpers of stamp ze fijn.
- Smelt de boter en roer hem door de aardappelpuree. Breng de aardappelpuree op smaak met chocoladezout en laat de puree al roerend iets droger worden op laag vuur.
- Doe de puree over in een kom. Voeg de eieren toe, gevolgd door de bloem, cacao en cacaonibs, en kneed alles tot een soepel deeg.
- Bestuif een schoon werkblad met bloem. Vorm de aardappelmassa daarop tot een rol ter dikte van een vinger, snijd die in stukken van circa 2 cm lang en maak die in de hand een beetje rond. Druk deze aardappelballetjes plat met een vork. Breng in een grote pan water met flink wat zout aan de kook. Doe de gnocchi erin, breng alles weer aan de kook en kook de gnocchi op halfhoog vuur circa 5 minuten.

Tip: de gnocchi zijn nog lekkerder als u ze even opbakt.

Chocolade-peperpasta

Bereiding: 45 minuten
Afkoelen: 1 uur
Voor 4 personen

Ingrediënten

10 g gemengde peperkorrels
300 g bloem
½ tl chocoladezout
40 g extra pure chocolade (70% cacao)
3 eieren

- Stamp de peperkorrels fijn in een vijzel. Meng ze met de bloem en het chocoladezout.
- Hak de chocolade fijn en smelt hem au bain-marie. Voeg de eieren toe en schep het bloemmengsel erdoor. Kneed de massa circa 5 minuten grondig in de keukenmachine. Zet het deeg afgedekt 1 uur in de koelkast.
- Bestuif het deeg met bloem en verdeel het in vier porties. Draai elke portie zo vaak tussen de gladde rollers van de pastamachine tot er een elastische dunne reep ontstaat; bestuif het deeg telkens met bloem en maak de afstand tussen de rollers steeds een beetje kleiner.
- Laat de deegrepen even drogen en verdeel ze dan met de geribbelde snijwals voor lintpasta in stukken. Kook de pasta in kokend water met zout in 5-7 minuten al dente. Giet hem af, laat hem even uitlekken en serveer (zie foto).

Tip: de chocolade-peperpasta kunt u serveren als onderdeel van een gerecht, maar is ook verrukkelijk met alleen olijfolie, versgeraspte Parmezaanse kaas en een druppel truffelolie.

Vis & zeevruchten

Wie had dat ooit gedacht: vis en zeevruchten gaan prima samen met chocolade! Sterker nog: het is bijna een must om ze te combineren. Vooral witte chocolade past heel goed bij allerlei schaaldieren. Gebakken vis laat zich evenzeer verfijnen door delicate purechocoladesoorten als door melkchocolade. Bak de vis bij voorkeur in cacaoboter, want die laat de smaak van de vis beter uitkomen.

Crostini met avocado-ananas-crème en chocogarnalen

De witte chocolade maakt de smaak van de avocado intenser en geeft de saus een fijn cacaoaroma en een zoete ondertoon.

Bereiding; 35 minuten
Voor 4 personen

Ingrediënten

1 grote of 2 kleine avocado's
(circa 150 g vruchtvlees)
30 g crème fraîche | 3 tl citroensap
40 g vruchtvlees van 1 jonge ananas
40 g uien | 2 teentjes knoflook | olijfolie
¼ chilipeper, fijngehakt | 3 el slagroom
60 g witte chocolade, gehakt
chocoladezout | versgemalen zwarte peper
¼ tl Bombaykerrie | 1 stokbrood
10 g cacaoboter | 16 garnalen met staartstuk
zeezout | 2 vanillestokjes
30 ml halfdroge witte wijn
1 tl citroensap
kervel of peterselie om te garneren

Halveer de avocado, verwijder de pit, schep het vruchtvlees uit de schil en doe het in een kom. Voeg de crème fraîche en het citroensap toe en pureer alles met een staafmixer.

Snijd de ananas in blokjes. Snipper de ui en 1 teentje knoflook. Verhit wat olie in een koekenpan en fruit daarin de ui en knoflook glazig. Schep beide met de schuimspaan uit de pan en zet opzij.

Bak de ananas even in de pan en voeg de chilipeper toe. Doe de ui en knoflook plus de helft van de slagroom en 40 gram fijngehakte chocolade erbij en warm alles door tot de chocolade is gesmolten. Laat iets afkoelen en meng het geheel door de avocadocrème. Breng op smaak met chocoladezout, peper en de kerrie.

Snijd het stokbrood schuin in 16 vingerdikke sneetjes, druppel er olijfolie over en rooster ze aan beide kanten onder de ovengrill. Halveer 1 teentje knoflook en wrijf daarmee de crostini in.

Smelt de cacaoboter in de pan en bak daarin de garnalen kort aan elke kant. Bestrooi ze met zout en peper en haal ze uit de pan. Splijt de vanillestokjes, schraap het merg eruit, doe dat met de stokjes in de pan en schud alles om. Blus af met de wijn, de rest van de slagroom en het citroensap en meng de rest van de chocolade erdoor.

Leg op elk bord vier crostini en bestrijk die met een vingerdikke laag avocadocrème. Leg op elke crostini een garnaal en druppel er wat saus over. Serveer met wat kervel of peterselie.

Wijntip: veel rieslingsoorten ruiken en smaken naar ananas! In combinatie met chocolade en vanille doet een riesling met restsuiker het altijd goed. Vooral die uit de Duitse Moezel en Rheingau smaken ondanks het zoetje bijna droog doordat ze sterke zuren bevatten.

Tonijnsashimi in een jasje van sesam

Cacao en chocoladezout geven deze klassieker uit het Verre Oosten een heel nieuw elan.

Bereiding; 45 minuten
Marineren; 3 uur
Voor 4 personen

Ingrediënten

3 tonijnsteaks (2-2,5 cm dik)
chocoladezout
versgemalen pondicherrypeper
sesam
25 g cacaoboter

Voor de marinade

2 el geroosterde-sesamolie
2 el vloeibare bloemenhoning
1 tl citroensap
4 el sojasaus
¼ tl cacao
¼ tl szechuanpeper, fijngemalen in een vijzel
1 tl versgeraspte gemberwortel

Meng voor de marinade de sesamolie, bloemenhoning, het citroensap, de sojasaus, cacao en szechuanpeper met de geraspte gemberwortel goed door elkaar.

Snijd de tonijnsteaks in stukjes en leg die naast elkaar in een ruime schaal. Schenk de marinade erover en zet de schaal 3 uur in de koelkast. Keer de stukjes vis regelmatig tijdens het marineren.

Haal de gemarineerde tonijn uit de koelkast en laat hem op kamertemperatuur komen. Haal de vis dan uit de marinade en bestrooi hem aan één kant met chocoladezout, pondicherrypeper en sesam. Keer de stukjes, bestrooi ook de andere kant en paneer die met sesam.

Verhit de cacaoboter in een koekenpan en bak daarin de tonijn aan elke kant circa 45 seconden, zodat de sesam wat kleur krijgt. Neem de vis direct uit de pan en schep hem op warme borden. De vis moet vanbinnen nog enigszins glazig zijn.

Lekker met: de Groenten in kokossaus van blz. 40. Roer de overgebleven marinade door de kokossaus.

Wijntip: bij nog iets rauwe vis met sojasaus is een lichte rode wijn de beste keuze: geweldig zijn een schwarzriesling, een Portugese wijn of een fruitige spätburgunder, bijvoorbeeld uit het Duitse Württemberg.
Bent u geen liefhebber van lichte rode wijnen, kies dan een fruitige rosé. In Zuid-Afrika en Californië hebben de gekleurde rosés vaak intens veel fruittonen.

Scholrolletjes in chocolademosterdsaus

In chocolademosterd vormt de smaak van pure chocolade een prima combinatie met de mosterdaroma's. Hiermee geeft u een heel nieuwe draai aan de klassieke mosterdsaus.

Bereiding; 35 minuten
Voor 4 personen

Ingrediënten

½ el citroensap | 750 g scholfilet (circa 12 filets)
zout | versgemalen witte peper
1 el boter om in te vetten | 1 el olie
1 kleine ui, gesnipperd
3 el chocolademosterd | 2,5 dl slagroom
1,25 dl witte wijn | 1 bosje gemengde kruiden (bijvoorbeeld dille, kervel, peterselie)

- Druppel het citroensap over de scholfilets en bestrooi ze met zout en peper. Vet een ovenschaal in. Rol de filets op en leg ze zo dicht mogelijk naast elkaar in de schaal. Verwarm de oven voor op 180 °C.

- Verhit de olie in een kleine koekenpan en fruit daarin de ui glazig. Voeg de chocolademosterd, slagroom en wijn toe, roer de saus flink door en laat hem onafgedekt 10 minuten pruttelen. Breng hem dan op smaak met zout en peper.

- Schenk de saus over de voorbereide scholrolletjes. Zet de schaal in de warme oven en laat de vis in circa 10 minuten gaar worden.

- Spoel intussen de kruiden af, schud ze droog en hak ze fijn. Haal de rolletjes uit de oven en serveer ze met de kruiden.

Variant: u kunt het gerecht nog verfijnen door de scholrolletjes te vullen. Maak daarvoor een aardappelmousse van 2 gekookte, gepelde en door een pers geknepen aardappels, 2 eieren, 1 eetlepel chocolademosterd en 1 eetlepel fijngehakte komkommer en breng op smaak met zout, versgemalen peper en versgeraspte nootmuskaat. Meng tot slot nog een paar fijngehakte kruiden zoals dille of kervel door de mousse. Strijk die niet al te dik over de scholfilets, rol ze op en bereid ze verder zoals hiernaast beschreven.

Tip: heeft u geen chocolademosterd in huis, smelt dan 20 gram pure chocolade au bain-marie en roer hem door 2 eetlepels dijonmosterd.

Wijntip: een wijn zoeken bij de mosterdsaus vormt nogal een uitdaging. Maar een niet al te fruitige witte wijn past er verrassend goed bij! Mijn favoriet bij dit gerecht: een sémillon uit Zuid-Afrika. Sémillions zijn gespierd en stevig en hebben kruidige aroma's.
Kiest u liever voor een Europese wijn, neem dan een witte bordeaux. Van bordeauxdruiven worden meestal cuvée sémillon, sauvignon (meestal gris!) en muscadelle gemaakt.

Zeetong met vlierbloesemsaus en komkommersalade

Melkchocolade uit Papoea Nieuw-Guinea met 37% cacao heeft een zweem karamel, een delicate toets van cacao en een zijdezachte smaak doordat hij haast geen looistoffen bevat.

Bereiding; 50 minuten
Marineren; 2 uur
Voor 4 personen

Ingrediënten

Voor de komkommersalade

1 komkommer | 8 el fijngesneden dille
3 el citroenolie (of leg de fijn geraspte schil van 1 biologische citroen in olijfolie en laat hem minstens 1 nacht trekken)
1 el dragonazijn
1 el Lime Juice (van het merk Rose's)
1 tl fijngemalen cubebepeper (staartpeper)

Voor de zeetong

2 el hazelnootolie | 4 zeetongfilets à 100 g
4 el citroenolie | fleur de sel

Voor de vlierbloesemsaus

50 ml slagroom | 30 ml vlierbloesemsiroop
1 el maizena | 1 el plantaardige olie
2 el fijngehakte melkchocolade uit Papoea Nieuw-Guinea (37% cacao) | zout

Schil de komkommer, halveer hem overlangs, schraap het zaad eruit en snijd hem met een dunschiller in lange, dunne linten. Pureer de dille, citroenolie en azijn met een staafmixer. Roer het limoensap erdoor, schenk de marinade over de komkommer en zet die 2 uur koud weg.

Verwarm de oven voor op 80 °C. Verwarm de notenolie iets in een pan en bak daarin de zeetongfilets circa 2 minuten. Leg de filets op een bakblik, druppel de citroenolie erover en bestrooi beide kanten met fleur de sel. Bak de filets nog 5 minuten in de oven.

Breng voor de saus de slagroom en vlierbloesemsiroop in een pannetje aan de kook. Maak de maizena aan met wat water, voeg het papje al roerend toe aan de saus en laat die nog 30 seconden koken. Neem de pan van het vuur, roer eerst de olie en dan de chocolade door de saus zodat er een emulsie ontstaat en breng die op smaak met een flinke snuf zout. Roer de saus krachtig door met een staafmixer voor u hem serveert.

Leg de zeetongfilets op vier borden en schenk er vlierbloesemsaus over. Schik de salade ernaast en bestrooi met cubebepeper.

Lekker met: nieuwe aardappels met hun verfijnde smaak.

Tip: als alternatief voor de Lime Juice kunt u 2 limoenen uitpersen, 1 theelepel suiker door het sap roeren en het kort laten koken.

Wijntip: veel sauvignon blancs, bijvoorbeeld die uit de Palts, ruiken en smaken als pure vlierbloesem. Dan komt er nog de typische groenachtige toon bij die de dillekomkommer in het gerecht nog versterkt.

Zeebaars in kokosmelk

Bereiding; 25 minuten
Voor 4 personen

Ingrediënten

1 kg zeebaarsfilet of een andere witvis met stevig, niet-olieachtig vlees
zout
versgemalen witte peper
cubebepeper, fijngemalen in een vijzel
30 g cacaoboter, gesmolten
4 dl kokosmelk
40 g witte chocolade, gehakt
30 g geraspt kokos | korianderblad of peterselie, fijngehakt

Verwarm de oven voor op 180 °C. Bestrooi de vis met zout, witte peper en wat cubebepeper. Vet met de helft van de cacaoboter een ondiepe ovenschaal in waar de vis ruim in past. Leg de filets erin en bestrijk ze met de rest van de cacaoboter.

Schenk de kokosmelk in een pan, verwarm hem en laat de chocolade erin oplossen. Breng de saus op halfhoog vuur aan de kook, schenk hem over de vis en strooi het kokos erover.

Bak de vis in circa 15 minuten gaar in de oven, tot u het vlees gemakkelijk met een vork kunt loshalen. Serveer de vis met korianderblad of peterselie (zie foto).

Lekker met: rijst of gebakken pasta.

Wijntip: op barrique gerijpte chardonnays uit overzeese gebieden hebben vaak een krachtig aroma, zoals dat van kokosnoten. Interessant vind ik ook een droge silvaner spätlese.

Kabeljauw in cacao-ananassap

Bereiding; 40 minuten
Voor 4 personen

Ingrediënten

1 kg kabeljauw- of koolvisfilet
2 el citroensap | zout
versgemalen zwarte peper
1 el gesmolten boter, plus boter om in te vetten
1 el olijfolie
100 g champignons, in plakjes gesneden
1 el fijngehakte peterselie
1 lente-uitje, fijngehakt
1,75 dl droge witte wijn
2 dl ananassap
1 el licht ontvette cacao

Verwarm de oven voor op 160 °C. Bedruppel de vis met het citroensap en bestrooi hem met zout en peper. Leg hem dan in een ingevette ovenschaal. Schenk de boter en olie erover en verdeel de champignons, peterselie en lente-ui erover.

Meng de wijn en het ananassap in een pan met de cacao en breng alles even aan de kook; giet dit mengsel over de vis. Stoof de vis in 15-20 minuten gaar in de oven; hij moet iets uit elkaar vallen.

Lekker met: stokbrood of ciabatta om in de saus te dopen.

Goed om te weten: licht ontvette cacao smaakt milder en aromatischer en bevat minder looistoffen dan sterk ontvette cacao. Hij accentueert de vissmaak zonder die te overheersen.

Wijntip: drink hierbij een fruitige chardonnay, die dus niet op barrique is gerijpt, of een condrieu van de Rhône. De laatste wordt gemaakt van de viognierdruif.

Gepeperde roodbaars met melkchocolade

Melkchocolade van arriba-cacao (42% cacao) heeft een sterke cacaosmaak zonder dat die te zwaar of te zoet is. Daardoor overheerst hij de vis niet maar tempert de scherpte van de peper en draagt bij aan een heerlijk aroma.

Bereiding; 50 minuten
Voor 4 personen

Ingrediënten

4 roodbaarsfilets à 175 g
zout
½ el zwarte peperkorrels (Sarawak)
½ el rode pondicherrypeper, licht gekneusd in een vijzel
150 g boter
1,25 dl witte wijn
1,75 dl kippen- of kalfsbouillon
25 g bloem
1,5 dl slagroom
40 g melkchocolade (42% cacao; arriba-cacao)
peterselie, om te garneren
sperziebonen, geblancheerd, om te garneren
1 rode paprika, in dunne reepjes, om te garneren

Spoel de visfilets af onder de koude kraan en dep ze droog. Wrijf beide kanten in met zout en één kant met de helft van beide soorten peper.

Smelt 125 gram boter in een pan met antiaanbaklaag waar de visfilets naast elkaar in passen. Leg de vis er op de gepeperde kant in en bestrooi de bovenkant met de rest van de peper. Bak de filets 7 minuten en keer ze daarbij één keer. Schep ze met een schuimspaan uit de pan, leg ze op een schaal en houd ze warm.

Schraap de aanbaksels in de pan los met de wijn en bouillon en laat die iets inkoken.

Kneed de rest van de boter met de bloem tot een beurre manié ('geknede boter'). Breng de wijnsaus in de pan aan de kook en voeg de beurre manié toe. Laat de saus al roerend indikken. Voeg de slagroom en chocolade toe en laat de saus al roerend nog 1 minuut pruttelen.

Schik de vis met de saus op de borden. Serveer het gerecht met peterselie, sperziebonen en reepjes paprika.

Lekker met: rijst of pasta vormt hierbij een prima bijgerecht.

Wijntip: bij dit gerecht gaat niets boven een grüner veltliner. Deze wijn heeft een karakteristiek peperachtig aroma. In Oostenrijk geldt hij als de belangrijkste witte druivensoort. Ook in Duitsland wordt grüner veltliner steeds meer gedronken; ik ken een paar goede uit de Palts.

Zalmforel in chocolade-zoutkorst

Chocclade van Boliviaanse cacao is uitstekend geschikt om vis mee te vullen. De cacao is namelijk erg fruitig en aromatisch, en bevat weinig looistoffen.

Bereiding; 25 minuten
Oventijd: 45 minuten
Voor 4 personen

Ingrediënten

1 zalmforel (1,5-2 kg), schoongemaakt
chocoladezout | grof gemalen witte peper
30 g extra pure chocolade uit Bolivia (70% cacao), gehakt
2 bosjes peterselie
1 bosje citroenmelisse
1 el van elk: fijngehakt bieslook, fijngehakte rozemarijn, tijm, bieslook, kervel en salie
geraspte schil van 1 biologische citroen
4-5 eiwitten | 150 g bloem, gezeefd
1,5-2 kg fijn zeezout | 3 tl cacaonibs
1 teentje knoflook, met zout gekneusd

Spoel de zalmforel af en dep hem droog; knip eventueel aanwezige vinnen af met een keukenschaar. Bestrooi de buikholte van de vis met chocoladezout, peper en de fijngehakte chocolade.

Spoel de peterselie en citroenmelisse af, hak ze grof en meng ze met de andere kruiden en het citroenraspsel. Vul de vis hier royaal mee.

Klop de eiwitten tot heel stijve pieken. Meng de bloem, het zout, de cacaonibs en knoflook en spatel alles voorzichtig door het eiwitschuim. Verwarm de oven voor op 220 °C.

Bekleed een bakblik met een stuk aluminiumfolie of bakpapier. Strijk de helft van de eiwitmassa in het formaat van de zalmforel uit op het blik. Leg de vis erop en bedek hem volledig met de rest van de massa. Strijk de zoutmassa met vochtige handen glad zodat de vis er rondom mee is bedekt. Bak de vis dan 45 minuten in de oven.

Sla voor het serveren de harde zoutkorst voorzichtig stuk en snijd de zalmforel in plakken.

Lekker met: een bladsalade met kruiden, aangemaakt met de Champagnedressing met een hint van chocolade van blz. 36.

Tip: ook andere zalmachtigen zoals meerforel en forel of een hele snoekbaars zijn goed te bereiden in een zoutkorst.

Wijntip: alleen al qua kleur vind ik een goede rosé de beste keuze. De afgelopen jaren hebben de roséwijnen ongelooflijk gewonnen aan aantrekkelijkheid en kwaliteit. Er worden alleen nog gewilde, gezonde druiven verwerkt, waaruit heel heldere, schone en fruitige wijnen ontstaan.

Tagliatelle met gorgonzola-zeevruchtenragout

Bereiding; 35 minuten
Voor 4 personen

Ingrediënten

zonnebloemolie of boter
100 g uien, gesnipperd
250 g kruisdisteloesterzwammen, in reepjes
500 g zure room
maizena | 1 kg zeevruchten (diepvries), ontdooid in een zeef
100-150 g gorgonzola, kleingesneden
60 g melkchocolade uit Peru (37% cacao), grof gehakt
chocoladezout | grof gemalen peper
80 ml droge witte wijn
1 bosje lente-uitjes, in ringetjes
250 g peultjes, schoongemaakt
500 g verse tagliatelle (of 400 g gedroogd tagliatelle)

- Verhit wat olie of boter in een pan en fruit de uien daarin even aan. Voeg de paddenstoelen toe en bak ze kort mee; doe dan de zure room erbij. Breng de saus op halfhoog vuur aan de kook en bind hem met maizena, aangemaakt met wat water.
- Doe de ontdooide zeevruchten in de saus en breng die al roerend aan de kook. Maak hem zo nodig wat dikker, roer de gorgonzola en chocolade erdoor en maak hem af met chocoladezout, peper, witte wijn en de lente-uitjes.
- Bak de peultjes even aan en strooi er zout en peper over. Ze moeten groen en knapperig blijven.
- Kook de tagliatelle al dente en giet de pasta af. Rol de linten per portie op en schik ze op pastaborden. Schep de ragout erover en serveer met de peultjes (zie foto).

Wijntip: drink er eens een riesling met restsuiker bij (bijvoorbeeld uit Rheingau), geproduceerd als feinherb of kabinett of zelfs als spätlese. De riesling brengt de mineraliteit die versmelt met de zeevruchten, en de gorgonzola heeft graag een zoetje in de wijn.

Sint-jakobsschelpen in wittechocoladesaus

Bereiding; 35 minuten
Voor 4 personen

Ingrediënten

12 verse sint-jakobsschelpen
1 dl kreeftenfond (uit pot)
30 g cacaoboter | chocoladezout
rode pondicherrypeper | bloem om te bestuiven | 1,25 dl witte wijn
½ Tahitiaans vanillestokje
2 dl slagroom
80 g witte chocolade, gehakt, plus extra om te garneren
1 tl citroensap | 3 blaadjes citroenverbena (fijngehakt; gedroogde blaadjes fijngemalen tot poeder)

- Breek de schelpen open. Haal het vlees eruit, spoel het schoon en dep het droog. Pureer de koraal met wat fond.
- Verhit de cacaoboter in een pan, bestrooi het schelpdiervlees met zout en peper, bestuif het met bloem en bak het 1 minuut aan elke kant; houd het warm.
- Blus het bakvocht af met de wijn en giet de fond erbij. Splijt het vanillestokje, schraap het merg eruit, doe dat met het stokje in de fond en laat die 5 minuten zachtjes koken. Verwijder het stokje. Voeg de slagroom en koraalpuree toe en breng alles opnieuw aan de kook.
- Voeg de chocolade, het citroensap en de verbena toe en laat de saus al roerend inkoken; breng hem op smaak.
- Schep op elk van vier borden wat saus en schik de sint-jakobsschelpen in het midden daarvan. Rasp er wat chocolade boven. Serveer met toast of stokbrood.

Wijntip: uitstekende keuzes zijn een witte burgunder uit Rheinhessen of een witte Rhônewijn.

Gamba's en venkel met chocoladearoma

Witte chocolade past perfect bij schaaldieren doordat er geen looistoffen of bittere tonen in zitten. Bovendien brengt de verfijnde cacaosmaak van de cacaoboter met zijn uitgebalanceerde zoetheid de aroma's van de schaaldieren prachtig bij elkaar.

Bereiding: 1 uur en 5 minuten
Voor 4 personen

Ingrediënten

16 ongepelde gamba's
1 venkelknol
100 g peultjes of groene asperges
½ ui | 1 laurierblaadje
zout | versgemalen peper
1,5 dl slagroom of zure room
beurre manié ('geknede boter')
chocoladezout
45 g cacaoboter om te bakken
1 tl cacaonibs
80 g witte chocolade, gehakt
een scheutje witte wijn
½ rode paprika, in stukjes
bieslook of lente-uitjes, fijngesneden, om te garneren

Pel voor de fond de gamba's, kerf ze aan de rugzijde in en verwijder het darmkanaal. Breng de schalen met 1 liter water langzaam aan de kook en schep het schuim van het oppervlak.

Snijd de venkelknol in vieren en verwijder de harde kern. Verwijder punten en eventuele draden van de peultjes of schil de asperges.

Doe de groenten, ui, het laurierblaadje en wat zout bij de fond en laat die circa 40 minuten zachtjes koken. Zeef de fond in een tweede pan, breng de vloeistof opnieuw aan de kook en laat hem tot twee derde inkoken. Voeg dan de slagroom toe. Bind de saus licht met de beurre manié en maak hem af met chocoladezout.

Snijd de venkel in repen. Smelt wat cacaoboter in een pan en sauteer daarin de venkel langzaam op halfhoog vuur. Bestrooi de groente met wat zout en schep hem in een hapjespan.

Bak de gamba's zacht in de pan met wat cacaoboter. Voeg de cacaonibs en peultjes toe, bak ze kort mee en doe alles bij de venkel.

Roer de gebonden saus erdoor en breng hem nogmaals aan de kook. Voeg de witte chocolade toe, maak het gerecht af met de wijn en wat zout en peper en voeg de paprika toe. Schud alles om, doe het bij de gamba's en serveer met bieslook of lente-ui.

Lekker met: Cacaognocchi (zie blz. 48) of tagliatelle.

Wijntip: in de Spaanse streek Rueda worden geweldige kruidige, frisse witte wijnen gemaakt van de druivensoorten verdejo en sauvignon blanc.

Mosselen met witte saffraanchocolade

Bereiding; 20 minuten
Voor 4 personen

Ingrediënten

1-2 el boter | 100 g uien, gesnipperd
2 teentjes knoflook, gesnipperd
300-500 g groenteblokjes of -reepjes (bijvoorbeeld wortel, selderij, groene en rode paprika, vers of uit de diepvries)
5 dl droge witte wijn
50 g witte saffraanchocolade, gehakt
chocoladezout
witte peper, grof gemalen
3 kg (Bouchot)mosselen, schoongemaakt en afgespoeld
1 dl slagroom
3 el fijngehakte kruiden zoals peterselie, dragon, kervel (vers of uit de diepvries)

- Verhit wat boter in een grote pan en fruit daarin kort de ui, knoflook en groenteblokjes. Schenk de wijn en wat water erbij en breng alles aan de kook. Breng op smaak met de chocolade, wat chocoladezout en witte peper.
- Voeg de mosselen toe en breng het geheel afgedekt flink aan de kook.
- Doe de room en driekwart van de kruiden bij de mosselen en breng ze nogmaals afgedekt aan de kook. Nu moeten de schelpen zijn opengegaan. Roer alles kort door, strooi de rest van de kruiden erover en serveer met wit- of robuust boerenbrood om te dopen (zie foto).

Goed om te weten: in plaats van saffraanchocolade kunt u ook witte chocolade en echte saffraandraadjes gebruiken.

Wijntip: of u nu een pinot blanc of een pinot gris kiest, de wijn moet mineraalachtig en temperamentvol zijn. Een slanke, levendige auxerrois lijkt op de pinot blanc maar is wat speelser en heeft een bloemiger bouquet.

Gamba's in witte chocolade

Bereiding; 30 minuten
Voor 4 personen

Ingrediënten

16 gepelde rauwe gamba's
4 teentjes knoflook, in dunne plakjes
1 el olijfolie
2 chilipepers, zaad verwijderd, kleingesneden
½-1 tl zout
1,5 dl witte wijn
2,5 dl slagroom
100 g witte chocolade, grof gehakt
1 el kreeftenpasta

- Kerf de gamba's aan de rugzijde in en verwijder het darmkanaal. Meng ze met de knoflook, olijfolie, chilipeper en het zout en laat ze 2 uur marineren.
- Verhit een grote pan, doe de gamba's met de marinade erin en bak ze tot de knoflook iets kleur heeft. Blus af met de wijn en kook de gamba's een paar minuten, tot ze niet meer doorzichtig zijn. Schep ze uit de pan en houd ze warm.
- Schenk de slagroom in de pan en breng hem aan de kook. Voeg de chocolade en kreeftenpasta toe en laat alles al roerend net zo lang koken tot de saus gebonden is. Meng de gamba's erdoor en warm ze even mee. Serveer direct.

Lekker met: basmatirijst.

Wijntip: deze gamba's gaan uitstekend samen met rosé. Er komen heel karaktervolle maar verfijnde rosado's uit het Spaanse Navarra.

Gevogelte

Gevogelte wordt in Midden- en Zuid-Amerika al eeuwenlang bereid met cacao – niets nieuws onder de zon dus! Alleen bij ons zagen we deze geniale combinatie tot nu toe bijna nooit in een gerecht. Terwijl wij Europeanen juist de meeste mogelijkheden hebben om te variëren. Alleen hier is intussen namelijk een indrukwekkend aanbod aan bijzondere en verfijnde soorten chocolade verkrijgbaar om (onder andere) gevogelte mee op smaak te brengen. U moet het beslist eens proberen.

Kip in rodewijn-chocoladesaus

Een rodewijnsaus, verfijnd en gebonden met extra pure chocolade uit de Dominicaanse Republiek, geeft de kip een ongeëvenaard aroma.

Bereiding: 1 uur en 10 minuten
Voor 4 personen

Ingrediënten

1 panklare kip (1,25 kg)
2 el bloem | ½ el verse tijmblaadjes
zout | versgemalen zwarte peper
50 g ontbijtspek
2 el olijfolie | 4 el cognac of brandy
2,5 dl kippenbouillon (blokje) | 1 laurierblaadje
2 kruidnagels | 8 sjalotten, gepeld
1,25 dl rode wijn | 40 g extra pure chocolade uit de Dominicaanse Republiek (70% cacao), gehakt | 12 kleine champignons
1 bosje peterselie, fijngehakt
1 el bloem | 15 g boter

Verdeel de kip in acht stukken. Meng de bloem met de tijm, zout en peper en wentel de stukken kip erdoor. Snijd het spek in smalle repen.

Verhit de olijfolie in een braadpan en braad daarin de kipdelen rondom aan. Schep ze met een schuimspaan uit de pan. Bak de spekrepen in de pan lichtbruin en laat ze uitlekken op keukenpapier.

Doe de kip terug in de pan. Verwarm de cognac of brandy, steek hem aan en schenk hem over de kip. Voeg de kippenbouillon, het laurierblaadje, de kruidnagels en sjalot toe. Breng alles aan de kook en schep het vet van de bouillon. Stoof de kip afgedekt 30 minuten op laag vuur.

Laat de rode wijn in een pannetje op hoog vuur tot de helft inkoken. Neem de pan van het vuur, roer de gehakte chocolade door de wijn en schenk deze saus over de kip.

Voeg de champignons en de helft van de peterselie toe en stoof het geheel nog 5-10 minuten. De kip moet nu mooi mals en door en door gaar zijn.

Leg de kip op een voorverwarmde schaal. Kneed de bloem door de boter en roer dit mengsel langzaam door de saus. Breng de gebonden saus op smaak, schenk hem over het vlees en strooi de rest van de peterselie erover. Leg de spekreepjes ernaast.

Tip: met met bloem geknede boter kun je heel handig sauzen dikker maken, vooral als er veel grote stukken in zitten.

Wijntip: ik ben ervan overtuigd dat lemberger de wijnstok van de toekomst is. In Duitsland kent men lemberger tot nu toe echter bijna alleen in Württemberg. Daar komt deze druif met zijn donkere kleur en intense geur van specerijen en bessen vandaan. Omdat hij meestal erg stevig uitvalt, moet men deze wijn twee tot drie jaar laten rijpen.

Fruitige kipschotel

Voor dit gerecht is de beste keuze een milde pure chocolade met tot 70% cacao uit Mexico, Peru of de Dominicaanse Republiek. De cacao uit Midden- en Zuid-Amerika heeft namelijk de fijnste fruit- en aromatonen en weinig looistoffen.

Bereiding: 1 uur en 30 minuten
Voor 4 personen

Ingrediënten

1 kg zo klein mogelijke kipfilets
zout | versgemalen zwarte peper
3 el bloem | 100 g gelardeerd buikspek
3 grote uien | 1-2 teentjes knoflook
1 rijpe mango | 2 bananen
3 el olijfolie | 40 g boter
2 dl kippenfond of groentebouillon
90 ml rode wijn
geraspte schil van ½ biologische sinaasappel
2 kruidnagels | 1 el kleingesneden gember
1 bouquet garni van 2 takjes tijm,
4 takjes peterselie, 2 laurierblaadjes en
4 blaadjes citroenverbena
chocoladezout | 60 g extra pure chocolade
(70% cacao) | 1 el fijngehakte peterselie

Laat de kipfilets naar wens heel of snijd ze in grote stukken. Strooi er zout en peper over en bestuif ze met bloem.

Verwarm de oven voor op 175 °C. Snijd het spek in repen van 0,5 cm dik. Hak de uien grof en kneus de teentjes knoflook met een groot mes. Schil de mango, snijd het vruchtvlees van de pit en snijd het vervolgens in stukjes. Snijd de bananen in stukjes.

Bak in een grote braadpan de spekrepen in de olijfolie knapperig en bruin. Schep ze eruit met een schuimspaan. Fruit dan in dezelfde pan op laag vuur de ui al roerend glazig. Schep hem met een schuimspaan uit de pan.

Braad het vlees in de pan op halfhoog vuur rondom bruin. Voeg de boter toe, doe de mango en banaan erbij en bak ze kort mee. Schenk de fond en wijn erbij.

Doe het spek en de ui weer in de pan. Voeg de knoflook, het sinaasappelraspsel, de kruidnagels, gember en het bouquet garni toe. Breng alles op smaak met chocoladezout en zwarte peper en roer de gehakte chocolade erdoor.

Schuif het gerecht in de oven en stoof het 35-45 minuten, tot het vlees mals is. Verwijder het bouquet garni. Verdeel het vlees en de vruchten over vier borden en strooi er peterselie over.

Lekker met: gepofte aardappels uit de oven of *papas arrugadas* (in zeewater of zeer zout water gekookte aardappels, waardoor de schil een zoutkorstje krijgt).

Wijntip: hoe herken je een pinotage uit Zuid-Afrika? Heel simpel: aan het aroma, dat herinnert aan bananen. De typische vertegenwoordiger van deze druivensoort is fruitig, vol en stevig en doet denken aan specerijen. Absoluut interessant bij een kipschotel!

Pollo con mole poblano

De toepassing van cacaonibs zonder toegevoegde suiker komt meer overeen met de originele Mexicaanse versie dan het gebruik van pure chocolade. Als alternatief kunt u ook chocolade van 100 procent cacao gebruiken.

Bereiding: 1 uur en 45 minuten
Voor 4 personen

Ingrediënten

6 el olie | 220 g anchopepers
100 g pasillapepers | 300 g mulato-pepers | 300 g tomaten | 750 g uien, grof gehakt | 10 teentjes knoflook, gepeld
30 g chipotlepepers (gerookte jalapeno's)
30 g boter | 150 g blanke amandelen
100 g pinda's zonder vlies | 8 kruidnagels
1 tl zwarte peperkorrels | 1 tl kaneel
½ tl anijszaad | 100 g rozijnen
150 g extra pure chocolade (85% cacao), geraspt, of cacaonibs, gestampt in een vijzel
4 kip- of kalkoenfilets
zout | versgemalen peper
1 liter kippenbouillon | 1 el citroensap
1 el sesam, om te garneren

- Verhit in een grote pan 2 eetlepels olie en fruit daarin de drie soorten verse pepers even aan. Schep ze uit de pan en week ze 30 minuten in warm water. Giet het water af en pureer de pepers in een blender.

- Ontvel de tomaten en laat ze uitlekken in een zeef. Verhit opnieuw 2 eetlepels olie in de pan en bak daarin de tomaten, ui en knoflook met de chipottlepeper. Haal alles uit de pan en pureer het in de blender.

- Smelt in een tweede pan de boter en bak daarin de amandelen, pinda's, kruidnagels, peperkorrels, kaneel en anijszaad even aan. Doe alles samen met de rozijnen in de blender en pureer.

- Doe alle gepureerde ingrediënten in een hoge pan en laat ze al roerend 5 minuten pruttelen. Roer de chocolade of gestampte cacaonibs erdoor.

- Bestrooi de kipfilets met zout en peper. Verhit de rest van de olie in een braadpan en braad daarin het vlees op hoog vuur aan. Voeg de chocoladesaus en de helft van de bouillon toe. Laat alles 20-30 minuten onafgedekt pruttelen. Vindt u de massa te dik, roer er dan wat meer bouillon door.

- Voeg tot slot het citroensap toe en breng de saus op smaak. Vindt u hem te scherp, voeg dan nog wat chocolade, cacaonibs of suiker toe. Bestrooi met sesamzaad.

Lekker met: taco's, tortilla's, rijst of *patatas fritas*.

Goed om te weten: breng de saus pas aan het eind van de kooktijd op smaak, want door het inkoken wordt hij scherper.

Wijntip: een rosé is de perfecte begeleider van dit gerecht.

Mexicaanse kip met chocoladesaus

Bereiding: 1 uur en 25 minuten
Voor 4 personen

Ingrediënten

2 kleine kippen à 800 g
2 teentjes knoflook
zout | versgemalen peper
1 groene paprika
1 groene chilipeper
30 g boterolie (geklaarde boter of ghee) | 1 el olie
1 grote ui, gepeld en gesnipperd
1 el balsamicoazijn
750 g gezeefde tomaten
30 g extra pure chocolade (80% cacao), geraspt

- Verdeel elke kip in vier stukken. Pel de knoflook en kneus hem met een snuf zout tot een pasta. Wrijf de kipdelen daarmee in en bestrooi ze dan royaal met peper. Verwijder zaad en zaadlijsten van de paprika en chilipeper, spoel beide af en snijd ze heel klein.
- Verhit de boterolie en olie in een grote braadpan en braad daarin de kipdelen goudbruin. Neem ze uit de pan en fruit de ui glazig in het achtergebleven braadvocht. Blus af met de balsamicoazijn. Voeg de paprika en chilipeper plus de tomaten toe en laat alles kort koken.
- Roer de chocolade erdoor en breng de saus op smaak met zout en peper. Laat het vlees in de saus afgedekt in circa 30 minuten gaar worden. Serveer het in de saus (zie foto).

Lekker met: Spaanse tortilla's bestrooid met cacaonibs.

Wijntip: hierbij mag een cabernet sauvignon niet ontbreken!

Kipfilet op chocolade-roomlinzen

Weken: 12 uur
Bereiding: 25 minuten
Voor 4 personen

Ingrediënten

40 g rode linzen | 40 g groene linzen
40 g berglinzen (bruine linzen) | 4 el olie of cacaoboter | 1 msp. knoflook
60 g uien, gesnipperd | 100 g gerookt buikspek, in blokjes
250 g gemengde-groenteblokjes (vers of uit de diepvries)
60-80 ml riesling | 2 dl slagroom
chocoladezout | 30 g melkchocolade (36% cacao) | 1-2 el sherryazijn | zout
versgemalen peper
4 maiskipfilets à 175-200 g
bloem om te bestuiven
3 el cacaonibs
2 el fijngehakte kruiden
1,25 dl kalfsjus

- Laat de linzen in aparte kommen 12 uur weken. Spoel ze dan af onder de koude kraan.
- Verhit 2 eetlepels olie of cacaoboter en fruit daarin de knoflook, ui en het spek kort aan. Voeg de groene en bruine linzen en de groenteblokjes toe. Schenk de wijn erbij en laat die op halfhoog vuur iets inkoken. Voeg 1,5 dl slagroom toe plus wat chocoladezout en laat het geheel inkoken.
- Roer de rode linzen en de chocolade erdoor en laat alles kort koken. Breng op smaak met azijn, zout en peper en zet het geheel opzij.
- Verwarm de oven voor op 140 °C. Bestrooi de kipfilets met zout en peper en bestuif ze met bloem. Verhit in een braadpan 2 eetlepels olie of cacaoboter en bak daarin de kipfilets goudbruin. Bestrooi met de cacaonibs en bak de kipfilets nog circa 15 minuten in de oven.
- Warm de linzen opnieuw op. Klop de rest van de slagroom licht op en schep die met de helft van de kruiden door de linzen. Schik de groente op borden of een schaal, druppel er warme kalfsjus over, schik er plakjes kipfilet op en bestrooi met de resterende kruiden.

Gevulde kalkoenfilet

De melkchocolade geeft de vulling een zachte textuur en een verfijnde aromatische toon van karamel en cacao, die de smaak van de groente intenser maakt.

Bereiding: 1 uur en 30 minuten
Voor 4 personen

Ingrediënten

200 g spinazie | 20 g cacaoboter
2 lente-uitjes, fijngehakt
100 g champignons, fijngehakt
1 teentje knoflook, gekneusd
40 g melkchocolade (36% cacao), gehakt
zout | versgemalen peper
600-800 g kalkoenfilet
1 dl droge witte wijn
½ groene en ½ rode paprika, zaad en zaadlijsten verwijderd, kleingesneden

Voor de saus

20 g maizena | 3 dl magere melk
1 tl licht ontvette cacao
½ tl versgeraspte nootmuskaat

Spoel de spinazie af en doe hem met aanhangend water in een pan. Laat de blaadjes op halfhoog vuur in circa 7 minuten slinken. Doe ze over in een zeef en druk het vocht er goed uit.

Smelt intussen de cacaoboter in een pan en bak daarin de lente-ui, champignons en knoflook op halfhoog vuur in 2-3 minuten zacht. Doe over in een kom en meng de spinazie erdoor. Meng de gehakte chocolade erdoor en laat die smelten. Breng op smaak met zout en peper en laat het geheel afkoelen.

Verwarm de oven voor op 140 °C. Kerf elke kalkoenfilet horizontaal in, vul hem met het spinaziemengsel, naai hem dicht of sluit hem met cocktailprikkers en leg dan alle filets naast elkaar in een braadslee. Bestrooi ze met zout en peper en schenk de wijn erover. Bak ze afgedekt in 35-40 minuten gaar in de oven.

Haal de filets uit de oven, leg ze op een schaal en verwijder touw of prikkers. Dek het vlees af en houd het warm. Bewaar het braadvocht.

Maak voor de saus de maizena aan met 2-3 eetlepels melk en roer dit met de cacao tot een glad papje. Breng in een pan de rest van de melk aan de kook. Neem de pan van het vuur en roer het maizenapapje erdoor. Zet de pan terug op het vuur, breng het mengsel al roerend aan de kook en laat het 1-2 minuten koken. Schenk het braadvocht erbij en breng op smaak met nootmuskaat, zout en peper. Schenk de saus over de kalkoenfilets en serveer ze met de paprika.

Lekker met: een kom sla en basmatirijst.

Wijntip: mijn favoriet hierbij is een lichte witte wijn uit Italië: de slanke, elegante verdicchio uit Marken, of de vaak zeer kruidige trebbiano, die zich goed aanpast. De Duitse rivaner, licht en fris, is een goed alternatief voor Italiaanse witte wijn.

Bahia-eend met sinaasappelchocolade

De pure chocolade met zijn subtiele cacaotonen en aromatisch sinaasappelraspsel maakt de smaak van dit gerecht nog intenser.

Bereiding: 2 uur
Voor 4 personen

Ingrediënten

1 panklare eend (1,5 kg)
sap van ½ citroen of limoen | zout
versgemalen zwarte peper
2,5 dl sinaasappelsap | geraspte schil van 3 biologische sinaasappels
2 bananen, in 2,5 cm dikke plakjes
1 laurierblaadje
60 ml bruine rum | 2 el maizena
70 g pure chocolade (70% cacao) met sinaasappelraspsel en praline, gehakt
2 el geraspte paranoten, amandelen of cashewnoten | 2 el cointreau (of een andere sinaasappellikeur)
2 sinaasappels, geschild en in partjes

Verwarm de oven voor op 220 °C. Spoel de eend grondig af, dep hem droog en wrijf hem vanbinnen en -buiten in met citroen- of limoensap, en bestrooi met zout en peper. Prik het vel achter de dij en opzij met een vork in, zodat het vet tijdens het braden kan weglopen. Leg de eend in een braadslee en braad hem 30 minuten in de oven.

Neem de braadslee eruit en giet het vet af. Zet de oven op 180 °C en braad de eend nog 50 minuten. Schep daarna het vet af van het braadvocht.

Doe het sinaasappelsap en -raspsel, de bananen, het laurierblaadje en de rum bij de eend en braad die, onder regelmatig bedruipen, in nog 15 minuten knapperig en gaar. Controleer de gaarheid door een prikker in de dij te steken; het vleessap dat eruit komt moet helder zijn. Haal de eend en banaan uit de braadslee en houd ze warm.

Schep opnieuw het vet van het braadvocht en zeef de fond in een pan. Roer een papje van de maizena en 1-2 eetlepels koud water en roer dit door de vleesfond. Breng de saus aan de kook en laat hem al roerend in 3 minuten indikken op laag vuur. Breng op smaak met zout en peper. Roer de chocolade, noten en likeur erdoor.

Verdeel de eend in porties en schik die met de bananenplakjes en sinaasappelpartjes op een voorverwarmde schaal. Schenk er wat saus over en geef de rest van de saus erbij.

Lekker met: gebakken gnocchi of pastarolletjes.

Wijntip: een pinot gris is hier verrukkelijk bij. Probeer eens een Duitse grauburgunder uit Baden of de Palts.

Eendenborst met barriquechocolade

Bereiding: 40 minuten
Voor 4 personen

Ingrediënten

1 tl korianderzaad | 1 el cacaonibs
½ tl tijmblaadjes
1 el bloemen- of acaciahoning
30 g barriquechocolade (70% cacao), gehakt
chocoladezout
versgemalen tellycherrypeper (of zwarte peper)
4 eendenborstfilets à circa 200 g
zout | versgemalen peper
1 el geklaarde boter

- Stamp de koriander en cacaonibs fijn in een vijzel en doe ze met de tijm en honing in een kleine kom. Smelt de chocolade au bain-marie en roer hem erdoor. Voeg wat chocoladezout en tellycherrypeper toe en zet dit glazuur opzij.
- Spoel de eendenborstfilets af en dep ze droog. Snijd het vel met een scherp mes ruitvormig in en strooi er zout en peper over.
- Verwarm de ovengrill voor. Verhit de boter in een grote pan en bak daarin het vlees op halfhoog tot hoog vuur circa 2 minuten aan elke kant.
- Bestrijk het vel van de eendenborst met het chocoladeglazuur en gril het in circa 2 minuten bruin. Zet de grill uit en de oven op 60-70 C°. Wikkel het vlees in aluminiumfolie en laat het in de oven circa 20 minuten rusten.

Goed om te weten: barriquechocolade is verfijnd met specerijen, die het gerecht nog meer aroma geven.

Eendenborstterrine met een hint van chocolade

Bereiding: 2 uur en 10 minuten
Rusten: 18 uur
Voor 4 personen

Ingrediënten

4 eendenborstfilets à 180 g
chocoladezout
150-200 g kalkoengehakt
3 eieren | 150 g zure room
versgemalen kardemom
versgemalen peper
gemberwortel, geraspt
geraspte schil van 1 biologische sinaasappel en 1 biologische limoen
100 g extra pure chocolade uit Venezuela (70% cacao)
6 gedroogde pruimen, kleingesneden
6 gedroogde abrikozen, kleingesneden

- Kerf het vel van de eendenborstfilets de avond ervoor in, snijd de filets horizontaal zo ver in dat u ze open kunt vouwen, sla ze plat en bestrooi ze met chocoladezout. Zet ze een nacht in de koelkast.
- Meng het gehakt grondig met de eieren en zure room en kruid het met chocoladezout, kardemom, peper, gember en sinaasappel- en limoenraspsel.
- Hak 25 gram chocolade fijn. Schep de chocolade en gedroogde vruchten door het vlees en zet het 6 uur koud weg. Werk het opnieuw door en kruid het zo nodig wat sterker.
- Smelt de rest van de chocolade au bain-marie en strijk hem over het vel van de eendenborstfilets. Leg die met de chocoladekant op plasticfolie. Kruid de vleeskant, verdeel er een niet al te dikke laag gehakt over en rol de filets met behulp van de folie op. Wikkel ze in aluminiumfolie en draai de uiteinden in elkaar.
- Kook de filets 1 uur en 20 minuten in water van 85 °C. Neem ze uit de pan, laat ze afkoelen en zet ze voor gebruik 2-3 dagen in de koelkast zodat de smaken zich kunnen ontwikkelen. Snijd ze dan in plakken van 1 cm en serveer die koud of kort opgebakken (zie foto).

Chocolade-anijspannenkoekjes met eendenlever

Bereiding: 1 uur
Voor 4 personen

Ingrediënten

Voor de pannenkoekjes

30 g cacaonibs | 10 g anijszaad
250 g bloem | 1 dl melk
3 eieren | zout

Voor de eendenlever

400 g eendenlever
1 el boter | 30 ml absint
1 sjalotje, gesnipperd
6 salieblaadjes | 50 ml port
1 afgestreken el cacao, licht ontvet
zout | versgemalen zwarte peper

Stamp voor de pannenkoekjes de cacaonibs en het anijszaad fijn in een vijzel. Roer dit met de bloem, melk, eieren en wat zout tot een glad beslag.

Ontdoe de eendenlevers van vet en zenen. Verwarm de oven voor op 50-70 °C. Verhit een pan met antiaanbaklaag met een doorsnede van circa 25 cm. Laat daarin wat beslag dun uitlopen en bak het in 3 minuten aan elke kant goudbruin. Neem de pannenkoek uit de pan en houd hem warm in de oven. Bak zo acht pannenkoekjes.

Smelt de boter in de pan en bak daarin de levers 1-2 minuten aan elke kant. Schenk de absint erover en flambeer ze. Voeg de sjalot en salie toe, blus af met port en laat de saus 1-2 minuten inkoken. Roer de cacao erdoor en breng op smaak met zout en peper.

Leg de pannenkoekjes iets overlappend naast elkaar op het werkblad. Verdeel de eendenlevers erover en rol de pannenkoekjes zo strak mogelijk op. Snijd ze schuin in acht plakken en serveer (zie foto).

Eendenleverparfait met melkchocolade

Bereiding: 50 minuten
Voor 4 personen

Ingrediënten

500 g eendenlevers (geen foie gras)
1 el olie | 80 g appelpartjes, geschild
1 dl calvados
chocoladezout
versgemalen peper
versgemalen kardemom
versgemalen koriander
40 ml slagroom | 250 g ricotta
30 g fijne melkchocolade
(38% cacao; bijvoorbeeld
trinitario uit Peru), fijngehakt
200 g roggebrood, in blokjes
4 gelatineblaadjes

Ontdoe de eendenlevers van galgangen. Verhit de olie in een pan en bak daarin de levers kort. Voeg de appelpartjes toe, schud alles om, flambeer het met 3 eetlepels calvados en breng het op smaak. Neem de pan van het vuur, snijd een paar mooie stukjes lever klein en zet die opzij.

Pureer de rest van de levers met de slagroom in de keukenmachine. Doe de mousse over in een schaal en meng de ricotta, leverstukjes, chocolade en het roggebrood erdoor. Breng de mousse op smaak.

Laat de gelatine in koud water weken. Verwarm de resterende calvados in een pan tot circa 65 °C, los daarin de gelatine op en spatel het mengsel door de mousse. Schep die in vier kleine vormen of in één grote en laat hem opstijven in de koelkast. Snijd de parfait in plakjes en schik die op borden.

Lekker met: een kleine salade met de Appel-sherrydressing van blz. 37.

Tip: de vulling voor de parfait kunt u uitbreiden met paddenstoelen, liefst shiitakes.

Gevulde kipfilet met kastanjes

De melkchocolade levert niet alleen smaak en pit, maar bindt de vulling ook een beetje.

Bereiding: 1 uur
Voor 4 personen

Ingrediënten

300 g kastanjes (vacuüm verpakt)
4 sneetjes geroosterd brood, zonder korstjes
2-3 eieren | 1 tl brandy
chocoladezout | versgemalen peper
versgeraspte nootmuskaat | 1 msp. kaneel
40 g melkchocolade, fijngehakt
30 g prei, kleingesneden
30 g knolselderij, kleingesneden (vers of uit de diepvries) | 30 g wortels, kleingesneden
4 kipfilets (liefst van poularde) | 10 g witte chocolade, gesmolten | ½ tl cacaonibs
zout | bloem om te bestuiven

Voor de saus

20 g cacaoboter | 250 g prei, in dunne reepjes
1,25 dl gevogelte- of kalfsjus | 50 ml slagroom, licht opgeklopt

Haal de kastanjes uit de verpakking en zet de helft opzij. Hak de rest heel fijn of pureer ze in de keukenmachine.

Maal het geroosterde brood in de keukenmachine fijn. Kneed het met de eieren, brandy, wat chocoladezout, peper en nootmuskaat, de kaneel en melkchocolade tot een compacte massa. Schep de kleingesneden groenten door de kastanjemassa. Verwarm de oven voor op 140 °C.

Snijd elke kipfilet horizontaal in en bestrijk het vlees vanbinnen en -buiten met de witte chocolade.

Vul de kipfilets met het groente-kastanjemengsel en steek ze dicht met cocktailprikkers. Bestrooi het vlees met zout, peper en cacaonibs en bestuif het met bloem. Leg het vlees in een braadslee en braad het 30 minuten in de oven.

Smelt voor de saus de cacaoboter in een pan en bak daarin de prei en apart gehouden kastanjes gaar onder regelmatig keren. De prei moet nog wat beet en kleur hebben.

Verwarm in een tweede pan de jus en roer de slagroom erdoor. Haal het vlees uit de oven en snijd het in plakken. Verdeel de prei met de kastanjes over borden. Schik daarop een kipfilet en serveer die met de jus.

Tip: heeft u wat van de vulling over, rol daar dan balletjes van, kook die gaar in kokend water en geef ze bij de kipfilet.

Wijntip: de in Midden-Italië nog maar zelden geteelde autochtone druivensoort pecorino is bijzonder kruidig met een delicaat samenspel van zuren.

Choco-specerijenkip

De combinatie van kip, aromatische specerijen en melkchocolade is onweerstaanbaar – gevogelte en melkchocolade lijken wel voor elkaar gemaakt!

Bereiding: 1 uur en 15 minuten
Voor 4-6 personen

Ingrediënten

2 braadkippen à 1,2 kg | chocoladezout
versgemalen lange peper (Javapeper)
2 el bloem om te bestuiven
3 el plantaardige olie | 1 el boterolie (geklaarde boter of ghee)
3 groene of rode paprika's
250 g shiitakes | 250 g sjalotten
4 plakjes ontbijtspek, gegrild en verkruimeld
5 dl kippenbouillon (blokje of uit pot)
50 g melkchocolade (42% cacao), gehakt
1 dl droge witte wijn
6 el tomatenpuree | 2½ el sojasaus van goede kwaliteit | 3 teentjes knoflook, gekneusd
1 tl verse dragon | 2 kruidnagels
½ kaneelstokje | 2 laurierblaadjes
2 el brandy

Verdeel elke kip in zes stukken, spoel ze af en dep ze droog. Bestrooi ze met chocoladezout en peper en bestuif ze met bloem.

Verhit de helft van de olie en boterolie in een grote pan en bak daarin de kipdelen rondom goudbruin. Haal het vlees uit de pan, laat het iets uitlekken en leg het in een braadpan of -slee, liefst een met een deksel.

Verwijder zaad en zaadlijsten van de paprika's, spoel ze af en snijd ze in reepjes van 1 cm breed. Wrijf de shiitakes schoon en pel de sjalotten. Bak deze drie ingrediënten in de rest van de olie en boterolie in de pan tot de sjalotten goudbruin zijn. Meng alles met het spek door de kip.

Schep het vet uit de pan. Roer op hoog vuur de aanbaksels los met wat bouillon en laat alles dan iets afkoelen. Los al roerend de chocolade erin op. Voeg de rest van de bouillon toe, gevolgd door de wijn, tomatenpuree, sojasaus, knoflook, dragon, kruidnagel, kaneel en laurier, en meng alles goed door elkaar, eventueel met extra chocoladezout en peper. Voeg de brandy toe en schenk de saus over de kip.

Breng alles op halfhoog vuur aan de kook en laat het dan afgedekt in 30 minuten gaar worden op laag vuur. Bak het gerecht onafgedekt nog 15 minuten, tot de kip mals is. Verwijder het laurierblaadje, de kruidnagels en het kaneelstokje en serveer direct.

Lekker met: tagliatelle, spaghetti of eenvoudig boerenbrood met een kom gemengde sla.

Chocoragout van duif

De uitgesproken smaken van duivenvlees, aromatische rode wijn en tal van specerijen harmoniëren op zich al goed met elkaar. Maar in combinatie met Bolivia Sauvage wordt de smaak sensationeel: deze chocolade overheerst de andere aroma's niet maar accentueert ze perfect en maakt het gerecht helemaal af.

Bereiding: 1 uur en 40 minuten
Voor 4 personen

Ingrediënten

4 duiven à 300-350 g
1 ui | 2 teentjes knoflook
1 rode chilipeper | 1 kleine wortel
½ venkelknol | 2 el boterolie (geklaarde boter of ghee)
5 dl rode wijn | 5 dl gevogeltefond
2 laurierblaadjes, 2 takjes tijm en 2 takjes rozemarijn | 1 tl jeneverbessen
1 tl zwarte peperkorrels
½ vanillestokje | 2 kruidnagels
1 kaneelstokje | 70 g Bolivia Sauvage-chocolade (70% cacao), gehakt
chocoladezout | versgemalen pondicherrypeper
4 verse vijgen
½ tl citroentijmblaadjes

- Snijd het duivenvlees los en verwijder vel en vet. Snijd het vlees in stukjes van circa 1,5 cm breed.

- Pel en snipper de ui en knoflook. Halveer de chilipeper overlangs, verwijder het zaad en spoel de peper af. Maak de wortel en venkel schoon en snijd ze klein. Verhit 1 eetlepel boterolie in een braadpan en braad daarin de duiven 3-4 minuten aan op hoog vuur.

- Voeg de ui, knoflook, chilipeper en groenten toe en bak ze kort mee. Blus af met de helft van de rode wijn en laat die volledig inkoken. Schenk de rest van de wijn erbij samen met de fond. Voeg de kruiden en specerijen toe en laat alles circa 50 minuten sudderen. Verwarm na 35 minuten de oven voor op 200 °C (heteluchtstand).

- Zeef de saus in een pan en los de chocolade er al roerend in op; de saus mag niet meer koken. Breng op smaak met chocoladezout en peper.

- Spoel de vijgen kort af, wikkel ze met de tijmblaadjes in aluminiumfolie en bak ze circa 15 minuten in het midden van de oven. Haal ze eruit en zet ze in de folie opzij. Zet de oven op 60-70 °C boven- en onderwarmte.

- Verhit de rest van de boterolie in een ovenvaste pan en bak daarin het duivenvlees 2 minuten op hoog vuur. Laat het in de pan 20 minuten rusten in de oven. Schenk de chocoladesaus over het vlees en schik dat op vier borden met de gebakken tijmvijgen.

Wijntip: duif en pinot gris vormen een onovertroffen combinatie! Neem een stevige barrique gerijpte wijn. De fruittoon van de wijn past goed bij de vijgen.

Parelhoenfilet in walnootolie met chocolade van wilde cacao en kastanjes

Bolivia Sauvage is een unieke chocolade met 70% wilde cacao. Hij bevat nauwelijks looistoffen en tannine en maakt dit gerecht perfect af.

Bereiding: 40 minuten
Marineren: 24 uur
Voor 4 personen

Ingrediënten

4 parelhoenfilets | 1 dl walnootolie
½ el citroensap | ½ tl cacao
600 g pastinaken of peterseliewortels
zout | 150 g crème fraîche | 50 ml slagroom
3 el boter | 30 g melkchocolade
(36% cacao), gehakt | 150 g kastanjes
2 dl kalfsjus of -fond
35 g Bolivia Sauvage-chocolade (70% cacao), gehakt
2 el cacaoboter | chocoladezout
versgemalen peper | 1 el witte wijn
8 lente-uitjes | 1 tl suiker
1-2 el geschaafde en geroosterde walnoten

Spoel het vlees af en dep het droog. Meng de walnootolie, het citroensap en de cacao en doe dit met de parelhoenfilets in een diepvrieszak. Sluit die goed af, schud hem en laat het vlees 1 dag in de koelkast marineren.

Schil de pastinaken, snijd ze in stukjes, zet ze in een pan net onder water, voeg zout toe en kook ze gaar. Giet het water af. Meng de crème fraîche, slagroom, 1 eetlepel boter en de melkchocolade door de groente en pureer alles. Houd alles warm.

Snijd de kastanjes aan de onderkant kruislings in en rooster ze circa 15 minuten op 180 °C in de oven, tot ze openspringen. Pel de kastanjes en rasp ze.

Verhit in een pan water tot 65 °C, leg de zak met de parelhoenfilets erin en laat ze daarin 10 minuten trekken.

Laat de kalfsfond of -jus in een pan tot de helft inkoken. Maak de zak met vlees open en werk de vloeistof met een staafmixer door de fond. Meng nu de chocolade door de saus, maar laat die niet koken.

Verwarm de cacaoboter in een pan. Bestrooi de parelhoenfilets met chocoladezout en peper en bak ze op halfhoog vuur op de velkant tot die goudgeel en krokant is. Haal het vlees uit de pan, blus het braadvocht af met de wijn en meng beide door de saus.

Maak de lente-uitjes schoon en spoel ze af; snijd ze in grote stukken. Smelt de rest van de boter in een kleine pan met de suiker en fruit daarin de lente-ui glazig.

Schep met behulp van twee eetlepels op elk bord twee bolletjes pastinaakpuree. Schik de lente-ui en het vlees ernaast en schenk de saus erover. Bestrooi met de kastanjes en walnoten.

Rund, kalf & varken

U ziet: we slaan niets over in dit boek. En waarom zouden we ook? Zowel rund- als kalfs- en varkensvlees gaat namelijk prima samen met chocolade. Grofweg kunt u zich daarbij houden aan deze vuistregel: hoe donkerder het vlees, hoe donkerder de chocolade moet zijn.

Door chocolade van een goede kwaliteit te combineren met hoogwaardig vlees, het liefst ook nog gekruid met chocoladezout, tilt u gerechten naar een hoger plan.

Peren-chocoladekoteletten

Bereiding: 50 minuten
Voor 4 personen

Ingrediënten

25 g boterolie (geklaarde boter of ghee)
4 varkenskoteletten
zout | versgemalen zwarte peper
1 blik halve peren (425 g)
80 ml slagroom
1 el fijngehakte majoraan, plus een takje majoraan om te garneren
1 el citroensap | 40 g melkchocolade met macadamianoten (42% cacao), gehakt (of melkchocolade met hazelnoten)

- Verwarm de oven voor op 160 °C. Verhit de boterolie in een pan en bak daarin de koteletten 3-4 minuten aan elke kant. Haal ze uit de pan, leg ze in een ondiepe braadslee en bestrooi ze met zout en peper.
- Laat de peren uitlekken en vang het sap op. Bak de vruchten circa 5 minuten in het hete braadvet in de pan en verdeel ze dan over de koteletten.
- Doe het perensap in de pan en roer de aanbaksels los. Voeg de slagroom, fijngehakte majoraan en het citroensap toe en laat alles al roerend in circa 5 minuten op hoog vuur tot de helft inkoken. Voeg de chocolade toe en schenk de saus over de koteletten. Laat het vlees afgedekt in 20-25 minuten gaar worden in de oven. Garneer met majoraan.

Lekker met: Chocoladespätzle (zie blz. 45).

Wijntip: perfect bij deze koteletten is een droge pinot blanc van late oogst.

Varkensspiesen met chocovulling en basilicum

Bereiding: 1 uur en 5 minuten
Voor 4 personen

Ingrediënten

12 dunne varkenslapjes à 50 g
200 g tapenade (olijvenpasta)
1 el cacaonibs, licht gestampt in een vijzel | 12 dunne plakjes gerookte ham
1 bosje basilicum, alleen de blaadjes
zout | versgemalen zwarte peper
olijfolie om te bakken | 50 ml Noilly Prat (of martini) | 1 el roze peperkorrels
1 dl slagroom
50 g extra pure chocolade uit de Dominicaanse Republiek (70% cacao), gehakt

- Klop de varkenslapjes iets dunner onder plasticfolie.
- Meng de tapenade met de cacaonibs. Bestrijk de varkenslapjes ermee, leg er een plak ham en basilicumblaadjes op en rol ze strak op. Steek telkens twee rolletjes aan een houten satéprikker (zie foto) en strooi er zout en peper over.
- Verwarm de oven voor op 80 °C en verwarm er een ovenschaal in. Verhit de olijfolie in een pan en bak daarin de spiesen rondom circa 3 minuten. Leg ze in de schaal en bak ze nog 30 minuten in de oven.
- Blus het braadvocht in de pan af met Noilly Prat en laat die tot de helft inkoken. Warm de saus voor het serveren opnieuw op en roer de rest van het basilicum, de peperkorrels, slagroom en chocolade er grondig door. Laat de saus kort opschuimen met een staafmixer.

Lekker met: de Chocoladepolenta van blz. 46!

Wijntip: een witte albarino uit Galicië komt de smaak van het eten ten goede en omgekeerd.

Varkensvleesterrine met chocoladesaus

De enigszins scherpe, sterk naar cacao smakende chocolade gaat prachtig samen met het iets zoet smakende varkensvlees.

Bereiding: 1 uur en 30 minuten
Afkoelen: 1 uur
Voor 6 personen

Ingrediënten

1 tl chocoladezout | 100 g zure room
175 g boter, in blokjes | 50 g reuzel
300 g + ½ tl bloem, plus nog wat extra om te bestuiven
4 sneetjes geroosterd brood | 1 dl slagroom
2 uien | 2 el olie | 300 g varkensfilet
2 takjes majoraan en 2 takjes tijm
zout | versgemalen peper
versgemalen piment
versgemalen kruidnagels
800 g fijn kalfsgehakt
100 g pistachenoten, grof gehakt
1 sjalot | 2 dl kalfsfond (uit pot)
50 ml madera
40 g extra pure chocolade met chilipeper (70% cacao, bijvoorbeeld Venezolaanse Espelette-chocolade)
2 el balsamicoazijn

Kneed het chocoladezout, de zure room, 150 gram boter en de reuzel tot een glad deeg, werk er 300 gram bloem door en zet het deeg 1 uur in de koelkast. Snijd het brood in blokjes en week die in de slagroom. Pel en snipper de uien. Verhit 1 eetlepel olie in een pan en fruit daarin de uien glazig. Schep ze uit de pan en laat ze afkoelen.

Dep de varkensfilet droog. Verhit de rest van de olie in de pan en bak daarin de filet met de takjes kruiden. Haal het vlees uit de pan en bestrooi het met zout, peper, piment en kruidnagels. Kneed het geweekte brood, het gehakt, de pistachenoten en ui grondig door elkaar.

Verwarm de oven voor op 180 °C. Bekleed een terrinevorm of rechthoekig bakblik van 30 cm lang met bakpapier. Rol het deeg op een met bloem bestoven werkblad uit tot 5 mm dik. Bekleed de vorm ermee; laat het deeg aan beide lange zijden circa 6 cm overhangen.

Doe de helft van de vleesmassa in de bakvorm, leg de filet erop en bedek die met de rest van de massa. Vouw het deeg erover en druk het langs de randen zorgvuldig vast. Bak de terrine 1 uur in de oven en laat dan afkoelen.

Pel en snipper de sjalot. Verhit 20 gram boter in een pan en fruit daarin de sjalot glazig. Schenk de fond en madera erbij en laat die tot de helft inkoken. Kneed 5 gram boter en de rest van de bloem door elkaar en roer die erdoor. Rasp de chocolade, roer hem door de saus en breng die op smaak met balsamicoazijn. Snijd de terrine in twaalf plakken en schik op elk bord twee plakken met wat saus.

Varkensfilet in een jasje van koffie

Cacao uit Peru heeft een volle smaak met verfijnde zuren en geen bittere tonen. Hij accentueert de aroma's van de saus zonder dat de cacaosmaak overheerst.

Bereiding: 1 uur en 40 minuten
Voor 4 personen

Ingrediënten

1 el koffiebonen
1 el cacaonibs
1 el zeezout
3 takjes tijm, alleen de blaadjes
800 g varkensfilet
8 plakje rauwe ham
20 g gedroogd eekhoorntjesbrood
40 g boterolie (geklaarde boter of ghee)
70 g sjalotten
1 teentje knoflook
70 ml witte port
70 ml witte wijn
1,5 dl vleesbouillon
70 ml slagroom
70 g extra pure chocolade uit Peru
(70% cacao), gehakt
zout
versgemalen peper

Stamp de koffiebonen en cacaonibs met het zeezout fijn in een vijzel. Meng de tijmblaadjes door het zoutmengsel. Wentel de varkensfilets erdoor, omwikkel ze met de ham en bind vast met keukentouw. Verwarm de oven voor op 80 °C. Week het eekhoorntjesbrood in 50 ml warm water.

Verhit de boterolie in een pan en braad daarin het vlees rondom aan. Leg het in een ovenschaal en laat het in 1 uur gaar worden in de oven.

Pel en snipper intussen de sjalotten en knoflook en fruit ze aan in het achtergebleven braadvocht in de pan. Blus af met port, witte wijn en bouillon, breng aan de kook, zeef de vloeistof in een pan en laat hem tot de helft inkoken.

Haal het eekhoorntjesbrood uit het water, knijp het uit, hak het fijn en doe het bij de ingekookte saus. Giet het weekwater door een fijne zeef bij de saus en laat die nog 5 minuten pruttelen. Roer dan de slagroom en chocolade erdoor. Pureer de saus met een staafmixer en breng op smaak met zout en peper.

Haal de varkensfilets uit de oven, snijd ze in plakken en schenk de saus eromheen.

Lekker met: aardappel-selderijpuree – het perfecte bijgerecht!

Wijntip: de chocolade in het eten versmelt direct met op barrique gerijpte wijnen en de koffiebonen versterken de fijne roosteraroma's in de wijn. Persoonlijk vind ik bij eekhoorntjesbrood niets lekkerder smaken dan een Duitse grauburgunder. Die wijnen hebben een filmend mondgevoel, zijn stevig en gekruid en passen perfect bij dit gerecht.

Varkensfilet in een jasje van kokos

Het zoetige varkensvlees, de mild-aromatische melkchocolade van edelcacao, het verse kokos, het bijzondere aroma van de absint plus de intense en iets scherp smakende kaneelknoppen vormen een geweldige, verfijnde combinatie.

Bereiding: 55 minuten
Voor 4 personen

Ingrediënten

10 varkensmedaillons
2-3 el sojasaus
1 kokosnoot
35 g melkchocolade (36% cacao)
1 el bloem | 500 g prei
25 g boter | 50 ml slagroom
50 ml groentebouillon
1-2 el absint
zout | versgemalen peper
geraspte schil van 1 biologische citroen
3 kaneelknoppen (de gedroogde bloemknoppen van de kaneelboom; lijken op kleine kruidnagels), fijngemalen in een vijzel
2 el bloem | 2 eiwitten
30 g boterolie (geklaarde boter of ghee)

Bestrijk de varkensmedaillons aan beide kanten met de sojasaus en zet ze afgedekt 30 minuten in de koelkast.

Breek intussen de kokosnoot open en verdeel hem in grote stukken. Snijd het vruchtvlees eruit en verwijder het dunne bruine vlies. Rasp circa 250 gram kokos en de chocolade en meng die met de bloem.

Was de prei grondig, maak hem schoon en snijd hem in ringen. Smelt de boter in een pan en sauteer daarin de prei. Schenk de slagroom, bouillon en absint erbij en laat die inkoken. Breng op smaak met zout, peper, citroenraspsel en kaneelknoppen.

Haal de varkensmedaillons uit de koelkast, dep ze droog met keukenpapier en wentel ze door de bloem. Haal ze dan door het eiwit en daarna door het kokos-chocolade-bloemmengsel. Druk de panade goed aan. Verwarm de oven voor op 80 °C.

Verhit de boterolie in een pan met antiaanbaklaag en bak daarin de medaillons tot ze aan de onderkant bruin zijn; draai ze om en bak de andere kant. Neem de medaillons uit de pan, leg ze in een ovenschaal en laat ze in 20 minuten verder gaar worden in de oven.

Schik de prei midden op vier borden en leg de medaillons erop. Serveer er kort opgebakken Cacaognocchi (zie blz. 48) bij.

Wijntip: het is heel interessant om bij dit gerecht een silvaner spätlese trocken te schenken. Juist de Frankische silvaners hebben een unieke kruidigheid, een echt nootachtig bouquet, en weerspiegelen het terroir. Hoewel ze weinig zuren bevatten zijn ze levendig en ongelooflijk karaktervol.

Carnitas

De knapperige cacaonibs bepalen niet alleen het aroma van dit gerecht, maar geven het ook een nootachtige beet.

Bereiding: 2 uur
Voor 4 personen

Ingrediënten

1 kg ontbeende varkensschouder
1 grote ui
20 g cacaonibs
1 el korianderzaad
1 el gemalen komijn
1 el gedroogde oregano
zout
2 gedroogde anchopepers
2 laurierblaadjes
5 dl vleesbouillon (eventueel iets meer)
30 g extra pure Uxmal-chocolade uit Mexico (70% cacao), gehakt

Leg het vlees in een braadpan waar het net in past. Pel de ui en snijd hem in vieren. Doe de ui met de cacaonibs, koriander, komijn, oregano, wat zout, de anchopepers en laurier in de braadpan. Schenk er zo veel bouillon bij dat het vlees net onderstaat.

Breng het vlees afgedekt langzaam aan de kook en laat het op laag vuur ongeveer 1 uur sudderen. Keer het tussendoor een keer.

Verwarm de oven voor op 230 °C. Haal het vlees uit de pan, laat het uitlekken en bak het op een bakblik of een rooster in het midden van de oven in 20-30 minuten knapperig.

Laat het braadvocht in de braadpan onafgedekt inkoken tot de helft, zeef het, meng de chocolade erdoor en breng de saus op smaak.

Snijd het vlees dwars op de draad in dunne plakken en schik het op een schaal. Geef de saus er apart bij.

Lekker met: traditioneel gebruiken Mexicanen carnitas als vulling voor tortilla's of taco's. Maar ook *papas arrugadas* (zie blz. 77) of de Chocoladepolenta van blz. 46 zijn er lekker bij.

Wijntip: ik eet carnitas het liefst met vrienden, met een ongecompliceerde, niet al te weelderige rosé erbij. Momenteel is het onder wijnboeren in zwang blanc des noirs aan te bieden. Dat betekent dat de rode druiven na de pluk snel worden geperst zodat er een wit sap ontstaat. Deze wijnen zijn fris en elegant maar hebben toch een zekere kruidigheid en de hint van bessen die druiven voor rode wijn kenmerkt.

Geflambeerde niertjes met Mexicaanse chocolade

De extra pure chocolade uit Mexico heeft een verfijnde, volle cacaosmaak die goed bij niertjes past, ook omdat hij de smaak daarvan verzacht.

Bereiding: 30 minuten
Weken: 24 uur
Voor 4 personen

Ingrediënten

4 heel verse varkensniertjes | 2,5 dl melk
4 takjes Franse dragon
zout | versgemalen zwarte peper
bloem om te bestuiven | 50 g boter
½ chilipeper | 2 tl chocolademosterd
1,2 dl port | 50 ml slagroom
chocoladezout | 40 ml armagnac of cognac
30 g extra pure chocolade uit Mexico
(70% cacao), gehakt
1 el fijngehakte peterselie
3 sneetjes rogge-tarwebrood, geroosterd

- Verwijder vliezen en aders van de niertjes, snijd ze overlangs door en snijd de harde kern eruit. Leg de stukken in de melk, voeg 2 takjes dragon toe en laat de niertjes 24 uur weken in de koelkast.

- Giet de melk weg, spoel de niertjes goed af onder de kraan, dep ze droog, strooi er zout en peper over en bestuif ze met bloem. Smelt de helft van de boter in een pan met dikke bodem en bak daarin de niertjes op hoog vuur bruin; ze moeten vanbinnen rauw blijven. Schep ze uit de pan, laat ze iets afkoelen en snijd ze klein. Hak de rest van de dragon fijn.

- Smelt de rest van de boter in de pan en fruit daarin de chilipeper. Voeg de niertjes en mosterd toe. Bak alles al roerend 1-2 minuten op halfhoog tot hoog vuur; voeg dan de port en slagroom toe. Zet het vuur laag en voeg de fijngehakte dragon toe. Laat de niertjes al roerend gaar pruttelen en breng ze op smaak met chocoladezout en peper.

- Druppel de armagnac of cognac over de niertjes en steek de drank aan met een lucifer. Blijf roeren tot de vlammen doven, roer dan de chocolade erdoor en laat alles nog 1 minuut verder gaar worden maar niet koken.

- Schep het gerecht op voorverwarmde borden en strooi er peterselie over. Snijd het geroosterde brood in driehoeken, schik die op de borden en serveer direct.

Lekker met: gebakken aardappels met chocoladezout en cacaonibs. Maar ook rijst of pasta is een goede keuze.

Wijntip: een matig zware rode wijn is hier erg lekker bij. Neem bijvoorbeeld een malbec uit Argentinië; die is vurig met een volle smaak maar niet overheersend. Malbec heeft een geweldige diepe kleur en kruidige fruitaroma's die doen denken aan pruimen en tabak.

Confit van chocolade en uien

Bereiding: 25 minuten
Voor 4 personen

Ingrediënten

150 g uien
5 dl rode wijn
100 g oersuiker
1 takje tijm | 1 laurierblaadje
90 g barriquechocolade uit Venezuela (70% cacao)
1-2 el crème de cassis
zout | versgemalen zwarte peper

- Pel en snipper de uien. Doe ze met de wijn, suiker, tijm en het laurierblaadje in een pan en laat het mengsel inkoken tot de vloeistof bijna is verdampt.
- Zet het vuur laag en los de chocolade in het mengsel op. Roer de likeur erdoor, breng op smaak met zout en peper en houd de confit tot gebruik warm.

Tip: de extra pure barriquechocolade brengt aroma's mee van kardemom, gember en szechuanpeper.

Grillsaus met verfijnd chocoladearoma

Bereiding: 30 minuten
Voor 10 personen

Ingrediënten

5 dl cola
80 g extra pure chocolade (70% cacao)
1 tl kerrie
1 kg tomatenketchup
½ tl gemberpoeder of fijngehakte gemberwortel
½ tl chilipeper uit de molen of fijngehakte verse chilipeper
grof gemalen zwarte peper
chocoladezout | cacaonibs
bruine suiker | mierikswortelpoeder

- Laat de cola tot ongeveer de helft inkoken. Roer de chocolade en kerrie er goed door. Voeg de ketchup toe en verhit de saus al roerend tot hij licht borrelt.
- Breng de nog warme saus op smaak met de gember, chilipeper en wat zwarte peper, chocoladezout, cacaonibs, bruine suiker en mierikswortel. Laat goed afkoelen en breng zo nodig meer op smaak.

Tips: wilt u de saus wat meer structuur geven, voeg dan een zeer fijn gesneden paprika toe. U kunt hem verfijnen met raspsel van een biologische sinaasappel of citroen.

Chocolade-olijvensaus

Bereiding: 20 minuten
Voor 4 personen

Ingrediënten

1 rode chilipeper
4 zwarte olijven met pit
60 g extra pure chocolade (70% cacao)
1 el cacao, licht ontvet
1,4 dl vergine olijfolie

- Halveer de chilipeper overlangs, verwijder het zaad en snijd de peper in stukjes. Halveer en ontpit de olijven en snijd ze eveneens in stukjes. Hak de chocolade fijn en smelt hem au bain-marie op circa 37 °C.
- Doe de cacao bij de chocolade en roer hem er goed door. Schenk de olijfolie er al roerend bij, zodat er een emulsie ontstaat. Voeg de chilipeper en olijven toe. Roer alles zorgvuldig om en houd het warm tot gebruik.

Tip: deze saus smaakt heerlijk bij gegrild vlees, vooral lamsvlees.

Hamburgersaus met een hint van chocolade

Bereiding: 10 minuten
Voor 10 personen

Ingrediënten

40 g extra pure Saint Domingue-chocolade (70% cacao)
500 g mayonaise
50 g tomatenpuree
100 g geraspte mierikswortel (uit pot)
100 g tomatenketchup | 50 g honing
grof gemalen peper | chilipoeder
chocoladezout
30 g grove mosterd
1 tl cacaonibs

- Smelt de chocolade au bain-marie. Meng hem al roerend met een garde met de rest van de ingrediënten en breng de saus op smaak. Zet hem voor gebruik een dag in de koelkast zodat de smaken zich kunnen ontwikkelen.

Noga-kalfsgoulash met pastinaakpuree

De ietwat zoete, milde gianduja- of nogachocolade verrijkt deze goulash met zijn nootachtige smaak, die prachtig samengaat met het kalfsvlees.

Bereiding: 3 uur
Voor 4 personen

Ingrediënten

800 g kalfsvlees van de schouder
2 sjalotten | 2 teentjes knoflook
4 takjes rozemarijn, alleen de naaldjes
130 g gianduja- of
nogachocolade | 30 ml olijfolie
80 g boter | 1,7 dl halfdroge sherry
zout | versgemalen peper
2 el mirabellenjam
1,5 liter kalfsfond (uit pot)
30 g macadamianoten, geroosterd en gehakt

Voor de pastinaakpuree

300 g pastinaken of peterseliewortels
80 g aardappels | 2 sjalotten | ½ citroen
2 el boter | 3 dl groentebouillon
zout | versgemalen peper

Verwijder zenen en vet van het kalfsvlees en snijd het in blokjes van circa 2 cm. Pel en snipper de sjalotten en knoflook. Hak de rozemarijn en chocolade fijn.

Verhit de olijfolie in een pan en braad daarin het vlees op hoog vuur aan. Voeg de sjalot en boter toe en bak de sjalot even mee. Blus alles af met de sherry en bestrooi met zout en peper. Laat de sherry tot de helft inkoken.

Voeg de mirabellenjam, knoflook en rozemarijn toe, schenk de kalfsfond erbij en laat het vlees 1 uur pruttelen op laag vuur, tot het gaar is. Neem de pan van het vuur en schep de chocolade en geroosterde noten door het gerecht.

Schil intussen voor de puree de pastinaken en aardappels, pel de sjalotten en snijd alles klein. Knijp de halve citroen uit boven de groenten. Smelt de boter in een pan en voeg de groenten en bouillon toe. Kook de groenten afgedekt gaar in circa 20 minuten. Pureer ze daarna fijn met een staafmixer. Breng op smaak met zout en peper.

Schep de goulash midden op voorverwarmde borden en schik op elke portie drie eetlepels puree.

Tips: garneer voor bijzondere gelegenheden de rand van de borden met wat vloeibare chocolade en een paar geroosterde macadamianoten. Ook rundvlees of wild zwijn is geschikt voor dit recept.

Wijntip: in de Spaanse streek Andalusië drinkt men bij het eten graag een glaasje sherry. Anders dan de fino is de amontillado wat donkerder, met meer alcohol en een wat nootachtiger en vollere smaak. Onder een amontillado verstaat men een gerijpte fino die aan het eind is gerijpt zonder gistlaag. Vaak wordt deze sherry gemengd met een kleine hoeveelheid zoete sherry van pedro-ximénez- of muskaatdruiven om hem iets zoeter te maken.

Marokkaanse vleesspiesen

De cacaonibs versterken de smaak van het rundvlees en de marinade zorgt voor een oosters tintje.

Bereiding: 30 minuten
Marineren: 12 uur
Voor 4 personen

Ingrediënten

750 g biefstuk
250 g mild gezouten vetspek
zout | 2 el olijfolie
4 partjes citroen, voor erbij
pitabrood, voor erbij

Voor de marinade

1 el honing
1 el citroensap
½ tl komijn
½ tl cayennepeper
½ tl zwarte peperkorrels
½ tl piment
2 el cacaonibs
1 ui, gesnipperd
2 el fijngehakte peterselie, plus extra om te garneren

Verwijder vet en zenen van de biefstuk en snijd het vlees in blokjes van 2 cm. Snijd het spek in blokjes van 2 cm en 0,5 cm dik.

Stamp voor de marinade de honing, het citroensap, de specerijen en cacaonibs in een vijzel tot een pasta en doe die in een schaal waarin het vlees past. Voeg de ui plus 2 eetlepels peterselie toe. Doe het vlees en spek erbij en wentel ze door de marinade. Laat vlees en spek minstens 12 uur marineren in de koelkast.

Laat de ovengrill heet worden. Bestrooi de stukken vlees met zout en rijg ze met het spek om en om aan vier metalen prikkers.

Vet een ovenvaste grillpan in met olie. Leg de spiesen erin en gril ze 5-7 minuten aan elke kant onder de ovengril.

Bestrooi de spiesen met peterselie en serveer direct. Geef bij elke spies een citroenpartje en pitabrood. Druppel voor het eten citroensap over het vlees en eet de vleesspiesen volgens traditie met de hand.

Tip: voor het beste resultaat grilt u de spiesen hangend in de oven. Zet er dan wel een pan of bakvorm onder.

Wijntip: bij rundvlees is syrah een heel goede keuze. Deze krachtige rode wijn heeft een kruidig aroma dat vooral doet denken aan peper en echt 'vlezig' genoemd kan worden. Vanouds kennen we deze wijn uit de Rhônevallei of overzeese streken onder de naam 'shiraz'.

Oosterse kalfskoteletten

De cacaonibs in de marinade geven het gerecht een mooi cacao-aroma zonder het chocoladebruin te kleuren.

Bereiding: 25 minuten
Marineren: 2 dagen
Voor 4 personen

Ingrediënten

4 kalfskoteletten (circa 2,5 cm dik)
olijfolie
peterselie om te garneren

Voor de marinade

1 msp. kurkuma
1 msp. versgemalen komijn
1 msp. versgemalen fenegriek
1 msp. kerrie van goede kwaliteit (bijvoorbeeld Bombaykerrie van Ingo Holland)
¼ tl versgemalen szechuanpeper
¼ tl fijngehakte citroenverbena of citroengras
1 el zoete chilisaus
1 teentje knoflook, gekneusd
20 g gemberwortel, fijngehakt
20 g cacaonibs, fijngemalen in een vijzel
2 el sojasaus
2 el vloeibare honing
4 el droge witte wijn
4 el arachideolie
1 ui, gesnipperd
1 snuf piment d'Espelette of matig scherp paprikapoeder
enkele druppels tabasco

Snijd op een smal randje na al het vet van de koteletten. Kerf het vetrandje met een scherp mes op regelmatige afstanden in, zodat het vlees onder de grill niet gaat opkrullen.

Doe alle ingrediënten voor de marinade in een ondiepe schaal en roer ze zorgvuldig door elkaar. Leg de koteletten in de marinade en laat ze afgedekt minstens 2 dagen in de koelkast marineren.

Verwarm de ovengrill voor op de hoogste stand. Vet een ovenvaste grillpan in met olijfolie en verhit hem. Haal de koteletten uit de marinade, leg ze in de pan en gril ze 5 minuten aan elke kant onder de ovengrill; bestrijk ze daarbij regelmatig met de marinade.

Leg de koteletten op een voorverwarmde schaal, garneer met de peterselie en serveer direct. Lekker met geroosterd witbrood of couscous.

Wijntip: met de vele specerijen in de marinade is dit gerecht als het ware geschapen voor een traminer. In Zuid-Tirol mag die op geen enkel wijngoed ontbreken. De wijnboeren produceren hem daar grotendeels droog en zijn geur doet denken aan kerstgebak en rozenblaadjes. Maar wees gerust: traminers zijn niet opdringerig, eerder pittig en markant.

Runderrolletjes met snijbiet

De cacaonibs in de vleesrolletjes ondersteunen de smaken van de snijbiet en zorgen net als de walnoten voor een stevige beet. De melkchocolade verrijkt de saus met zijn cacaosmaak en geeft hem een romige textuur.

Bereiding: 1 uur en 40 minuten
Voor 4 personen

Ingrediënten

400 g snijbiet | 2 el walnootolie
1 teentje knoflook, fijngehakt | 2,5 dl witte wijn
200 g magere kwark | 60 g gepelde walnoten
20 g cacaonibs | ½ tl versgeraspte nootmuskaat
zout | versgemalen zwarte peper
4 dunne runderlapjes
chocolademosterd | olie om te bakken
4,25 dl bouillon | 1 ui, gesnipperd
100 g oesterzwammen, grof gehakt
25 g tarwebloem | 1 kruidnagel
1 laurierblaadje | 2 pimentkorrels
zout | versgemalen peper
40 g melkchocolade (38% cacao), gehakt

Spoel de snijbiet af. Verhit de walnootolie in een grote pan en voeg de knoflook toe. Schenk er 80 ml witte wijn bij en breng die aan de kook. Doe de snijbiet erbij en stoof die afgedekt in 10 minuten gaar. Laat hem dan uitlekken in een zeef, knijp het overtollige vocht eruit en laat de groente afkoelen.

Hak de snijbiet grof en meng hem in een kom met de kwark. Hak de walnoten fijn maar houd een paar apart om te garneren. Doe de gehakte walnoten met de cacaonibs bij de snijbiet en breng op smaak met nootmuskaat, zout en peper.

Leg de runderlapjes op het werkblad, bestrijk ze dun met chocolademosterd en verdeel de snijbietvulling erover. Rol de schnitzels op en zet ze met houten cocktailprikkers vast. Verwarm de oven voor op 140 °C.

Verhit 3 eetlepels olie in een grote pan en bak daarin de runderrolletjes rondom bruin. Leg ze in een braadpan, giet er 1 dl van de bouillon bij en stoof ze afgedekt 80 minuten in de oven.

Fruit voor de saus de ui in de pan in 5 minuten lichtbruin op halfhoog tot laag vuur. Voeg de paddenstoelen toe en bak ze even flink aan. Strooi de bloem erbij en roer hem erdoor. Voeg de rest van de bouillon en de wijn toe plus de specerijen. Breng de saus op smaak met zout en peper en breng hem al roerend aan de kook. Roer van het vuur af de chocolade door de saus.

Schik de runderrolletjes op vier borden en druppel er wat saus over. Geef de rest van de saus er apart bij.

Lekker met: de Chocoladespätzle van blz. 45 plus snijbiet.

Wijntip: serveer hierbij een Zuid-Italiaanse witte wijn. De druiven profiteren op hoge hellingen of aan zee van de koele nachten respectievelijk zeewind. Neem een greco di tufo of inzolia.

Runderstoofpot met hazelnoten en tomaten

De cacao kruidt het vlees en accentueert de smaak ervan, terwijl de hazelnootchocolade een heerlijke noot- en chocoladeachtige smaak geeft aan de saus.

Bereiding: 2,5 uur
Voor 4 personen

Ingrediënten

1 kg rundvlees
20 g cacao, licht ontvet
30 g bloem
versgemalen peper
chocoladezout
¼ tl piment d'Espelette
2 el zonnebloemolie om te bakken
150 g uien, in ringen
50 g hazelnoten, gehakt
2,5 dl rode wijn
300 g tomaten uit blik
2 el tomatenpuree
½ vleesbouillonblokje
50 g pure chocolade met noten (60% cacao), gehakt

Verwarm de oven voor op 130 °C. Snijd vet en zenen van het vlees en snijd dat in blokjes van 2-3 cm. Schud in een diepvrieszak de cacao, bloem, royaal peper, chocoladezout en piment d'Espelette door elkaar. Doe de blokjes vlees erbij en schud ze door het specerijenmengsel tot ze er rondom mee zijn bedekt.

Doe 1 eetlepel olie in een koekenpan en 1 eetlepel olie in een ovenvaste braadpan. Verhit de olie in de koekenpan en fruit daarin de ui glazig. Roer de hazelnoten erdoor. Schep alles met een schuimspaan uit de pan en in een schaal.

Verdeel het vlees in twee porties en schud het overtollige specerijenmengsel eraf. Braad de ene helft in de hete olie aan in de koekenpan en de andere in de braadpan. Doe al het vlees met het ui-notenmengsel in de braadpan. Voeg de wijn, tomaten, tomatenpuree en het bouillonblokje toe en stoof het vlees afgedekt in 1 uur gaar in de oven.

Haal de pan uit de oven, roer de chocolade erdoor en laat alles afgedekt nog 20 minuten verder gaar worden in de oven. Serveer direct.

Lekker met: aardappelballetjes, deegballetjes of de Chocolade-peperpasta van blz. 48.

Wijntip: tomaten en witte wijn vormen meestal geen goede combinatie, kies dus in elk geval een niet al te zware rode wijn. Een soort die lijkt op de spätburgunder maar dan wat fruitiger is de frühburgunder uit het Duitse Ahrdal. Deze wijn is al jong fluwelig, zacht en rond.

Gestoofde runderwang met chocolade in banyulssaus

Chocolade van cacaobonen uit São Tomé is met zijn intense cacaoaroma en romige karakter ook puur een genot bij een glas zoete Franse banyuls.

Bereiding: 3½ uur
Marineren: 2-3 dagen
Voor 4 personen

Ingrediënten

60 g wortels | 60 g peterseliewortels
100 g sjalotten | 2 dl rode wijn (bijvoorbeeld pinot noir)
1-2 el balsamicoazijn
5 korianderzaden | 3 pimentkorrels
2 groene kardemompeulen, gekneusd
3 kruidnagels | 1 bosje peterselie
geraspte schil van ½ biologische citroen
½ tl zeezout | 800 g runderwang
versgemalen peper | chocoladezout
30 g boterolie (geklaarde boter of ghee)
1 el tomatenpuree
8,5 dl runder- of kalfsfond (uit pot)
1,5 dl banyuls (zoete wijn)
45 g extra pure chocolade uit São Tomé (70% cacao), gehakt
20 g beurre manié (geknede boter; 10 g boter gekneed met 10 g bloem), gekoeld

Schil de wortel en peterseliewortel, pel de sjalot en snijd alles klein. Meng de groenten met de rode wijn, azijn, specerijen, peterselie en het citroenraspsel plus het zout in een roestvrijstalen kom. Leg de runderwang erin en laat die 2-3 dagen marineren in de koelkast; keer hem regelmatig.

Haal het vlees uit de marinade; dep het droog, strooi er royaal peper over en dan wat chocoladezout. Zeef de marinade en bewaar de vaste ingrediënten; zet beide opzij.

Verhit de boterolie niet al te sterk in een braadpan en braad daarin het vlees rondom aan; haal het er dan uit. Fruit de vaste ingrediënten uit de marinade met de tomatenpuree kort aan in de braadpan. Blus af met de marinade en vul die aan met de fond en banyuls. Leg het vlees weer in de pan en laat het afgedekt 2,5 uur sudderen op laag vuur; controleer dan of het mals is.

Haal het vlees uit de saus, leg het op een schaal en houd het afgedekt warm. Zeef de saus in een pan, doe de groenten (uit de zeef) erin en laat de saus op laag vuur tot de helft inkoken. Roer de chocolade en beurre manié erdoor om de saus te binden en breng op smaak met chocoladezout en peper. Snijd het vlees in plakken, schik die op een schaal en serveer ze met de saus.

Lekker met: gebakken plakken polenta, aardappelpuree of -balletjes en de Komkommer-chocoladesalade van blz. 40.

Wijntip: de banyuls is als drank te zoet bij de runderwang, maar een droge collioure smaakt er goed bij.

Chili con carne

De gedroogde, geraspte cacaonibs geven het gerecht een intense cacaosmaak zonder het zoet te maken en vullen de scherpte van de chilipeper uitstekend aan.

Bereiding: 2 uur
Voor 4 personen

Ingrediënten

900 g mager rundvlees
4 el reuzel of olijfolie
1 chilipeper (of Mexicaans chilipoeder)
1 ui, gesnipperd
4 teentjes knoflook, fijngehakt
4,25 dl runderfond
1,5 dl rode wijn
40 g cacaonibs
1 el bloem
2 laurierblaadjes
¼ tl komijn
½ tl gedroogde oregano
zout
versgemalen zwarte peper
400 g kidneybonen (uit blik)
gedroogde chilipeperdraadjes om te garneren

Snijd het vlees in blokjes en verwijder daarbij al het vet. Verhit de reuzel in een grote pan en bak daarin de helft van de vleesblokjes in 6-8 minuten rondom bruin op hoog vuur. Schep het vlees met een schuimspaan uit de pan en houd het warm. Bak de rest van het vlees op dezelfde manier en houd dat eveneens warm.

Halveer de chilipeper overlangs, verwijder het zaad en hak de peper fijn. Bak de ui, knoflook en chilipeper in de pan in 4-5 minuten goudbruin. Doe het vlees er weer bij, schenk de runderfond en wijn erover en breng alles langzaam aan de kook. Zet het vuur laag en laat de chili con carne afgedekt circa 30 minuten sudderen.

Stamp de cacaonibs fijn in een vijzel en voeg ze al roerend toe aan het vlees. Meng in een kom de bloem met wat van het kookvocht. Roer het mengsel met de laurierblaadjes, komijn en oregano goed door de chili. Breng die op smaak met zout en peper en laat nog 1 uur sudderen, tot het vlees heel mals is. Voeg 5 minuten voor het eind van de kooktijd de bonen toe en kook ze kort mee.

Breng de chili voor het serveren opnieuw op smaak en serveer hem warm met de chilipeperdraadjes.

Lekker met: een robuust tarwe-roggebrood, maar ook aardappels of een ander soort brood zijn een goede keuze.

Wijntip: hierbij hoort een eenvoudige (niet te dure) rode bordeaux. Die vindt u in elk wijnschap. Bordeauxwijnen zijn beroemd om hun assemblage van cabernet sauvignon, merlot, cabernet franc en soms wat petit verdot of malbec. Hieruit ontstaan karaktervolle maar elegante wijnen.

LE CREUSET

Wild & lam

Ook wild en lamsvlees mogen natuurlijk niet ontbreken in dit boek. Zij zijn een absolute must en welbeschouwd een klassieker in de betere cuisine! Om deze twee echt goed tot hun recht te laten komen is de toevoeging van chocolade bijna onmisbaar. Die dient niet alleen om de saus te binden maar laat ook op fantastische wijze de unieke smaak van lamsvlees en wild uitkomen. Als u deze combinatie eenmaal heeft uitgeprobeerd, zult u wild en lamsvlees nooit meer zonder chocolade willen bereiden.

Hertenrug met vlierbessen-kardemom-chocoladesaus

De krachtige aroma's in dit gerecht vragen om een gelijkwaardige tegenhanger. De extra pure chocolade uit Mexico smaakt tegelijk fruitig en intens naar cacao en gaat prachtig samen met de smaken van vlierbessen en wild.

Bereiding: 3 uur en 50 minuten
Voor 4 personen

Ingrediënten

1 kg hertenrug met bot (vraag de slager het vlees in stukken te snijden en het bot klein te hakken)
1 kleine ui | 60 g wortels | 60 g knolselderij
60 g peterseliewortel | 4 el boterolie (geklaarde boter of ghee)
1 el rietsuiker | 2 el tomatenpuree
3,5 dl stevige rode wijn | 1 liter wildfond
1 el jeneverbessen
½ el groene kardemompeulen
3 takjes rozemarijn | 3 takjes tijm
2 laurierblaadjes | 2 kruidnagels
2 pimentkorrels | 1 tl koriander
130 g donkere vlierbessenpuree of -gelei
50 g extra pure chocolade uit Mexico (85% cacao) | 40 g boter | 10 g cacao
1 tl kersen- of rodebessengelei
zeezout | versgemalen peper
30 ml port

Ontdoe het vlees van vet en zenen. Pel de ui, schil de wortels, selderij en peterseliewortel en snijd ze in grote stukken. Verhit 2 eetlepels boterolie in een braadpan en braad daarin de botten en het vleesafsnijdsel aan op hoog vuur. Voeg de groenten toe en bak ze mee. Laat de suiker erin karamelliseren. Roer de tomatenpuree erdoor. Blus af met de wijn en schenk de fond erbij.

Kneus de jeneverbessen en breek de kardemompeulen open. Doe beide met 2 takjes rozemarijn, 2 takjes tijm en alle specerijen in de pan. Roer de vlierbessenpuree erdoor en laat alles circa 3 uur sudderen.

Zeef de saus in een pan en laat hem tot een derde inkoken. Hak de chocolade klein. Snijd de boter in blokjes en schud die door de cacao. Roer beide met de kersengelei door de saus, zodat die gaat binden. Breng de saus op smaak met zout en peper en houd hem warm.

Verwarm de oven voor op 80 °C. Bestrooi het vlees met zout en peper. Verhit de rest van de boterolie in een pan en braad daarin het vlees 2-3 minuten aan op hoog vuur. Wikkel het samen met de rest van de kruiden in aluminiumfolie en laat de smaken circa 25 minuten in de warme oven intrekken.

Blus de aanbaksels in de pan af met de port, roer ze los en meng ze door de saus. Snijd het gare vlees in plakken en schik die op borden.

Lekker met: spätzle en beetgare romanesco of broccoli, kort gesauteerd in boter.

Wijntip: bij wildgerechten past een stevige rode zweigelt uit Oostenrijk!

Hertenragout met koffie-pruimen en gebakken appel

De extra pure chocolade met kerstspecerijen is niet alleen heerlijk om zo te eten, hij is een ideale smaakmaker bij hertenvlees.

Bereiding: 2 uur
Intrekken: 3 uur
Voor 4 personen

Ingrediënten

1 el bruine suiker
1 dl vers gezette espresso
100 g gedroogde pruimen, gehalveerd
200 g uien | 75 g knolselderij
50 g pastinaak of peterseliewortel
5 el boterolie (geklaarde boter of ghee)
800 g hertenvlees, in blokjes
3 el tomatenpuree | 3 laurierblaadjes
8 jeneverbessen | 5 pimentkorrels
1 kaneelstokje | 4 kruidnagels
3 tl cacaonibs | 4,5 dl wildfond
3 dl pinot noir, halfdroog
zeezout | versgemalen zwarte peper
100 g extra pure chocolade (70% cacao; liefst met kerstspecerijen gearomatiseerd), in stukken
2-3 appels | 2 el morellenjam

Los in een kleine pan de suiker op in de hete koffie, leg de pruimen erin en laat die circa 3 uur trekken. Laat de pruimen vervolgens zachtjes koken tot er bijna geen vloeistof meer in de pan zit; houd ze warm.

Pel de uien, schil de knolselderij en pastinaak en snijd ze klein. Verhit 3 eetlepels boterolie in een braadpan en braad daarin het vlees aan op hoog vuur. Schep het met de schuimspaan uit de pan. Fruit in het achtergebleven braadvocht de ui en groente aan. Voeg de tomatenpuree toe, zet het vuur lager en doe het vlees terug in de pan.

Stop de specerijen met de cacaonibs in een kruidenzakje en doe ze met de wildfond in de braadpan. Schenk de wijn erbij en laat het vlees op laag vuur circa 1 uur sudderen, tot het mals maar niet stuk gekookt is.

Haal de specerijen uit de pan en maak de saus af met zout en peper. Schep de gehakte chocolade en pruimen door de ragout maar laat die niet meer koken.

Schil de appels, verwijder het klokhuis met een appelboor en snijd de vruchten in ringen. Bak die kort in 2 eetlepels boterolie, glaceer ze met morellenjam en stoof ze kort. Schik de ragout met de appel op borden.

Lekker met: de Chocolade-peperpasta van blz. 48 en de Chocopuree van blz. 47.

Wijntip: hier hoort een merlot bij! Neem er een met een dieprode kleur en de zoetige geur van ingelegde pruimen.

Reepjes hertenvlees in mango-ananassaus met chocolade

De licht bittere toon van de chocolade uit Uganda past zowel bij de rammenas als bij het hertenvlees.

Bereiding: 1 uur
Marineren: 2 uur
Voor 4 personen

Ingrediënten

600 g hertenvlees van de bout, in reepjes, zenen verwijderd
2 msp. geraspte gemberwortel
1 msp. kaneel | 4 jeneverbessen, fijngemalen in een vijzel | 1 salieblaadje
½ tl fijngehakte rozemarijn | chocoladezout
versgemalen peper
4 el boter of cacaoboter
200 g witte rammenas, in stukjes
30 g ui, gesnipperd
150 g ananasstukjes (vers of uit blik)
1,2 dl rode wijn
5 dl wild- of kalfsfond
3 tl mangochutney
40 g extra pure chocolade uit Uganda
(85% cacao), gehakt | 1 dl slagroom, opgeklopt
50 ml port

Snijd het vlees in blokjes en meng die grondig met de gember, kaneel, jeneverbessen, salie, rozemarijn en wat chocoladezout en peper. Laat het vlees 2 uur marineren.

Breng in een pan water aan de kook. Voeg wat zout en 1 eetlepel boter toe en blancheer de rammenas kort; laat hem uitlekken.

Verhit 1 eetlepel boter of cacaoboter in een koekenpan en braad daarin het vlees even aan. Schep het uit de pan en zet het opzij.

Smelt opnieuw 1 eetlepel boter in de pan en fruit daarin de ui glazig. Voeg de ananasstukjes toe, bak ze kort mee en blus af met de wijn. Schenk de fond erbij. Voeg de mangochutney en de helft van de chocolade toe en laat de saus iets inkoken. Is hij te vloeibaar, bind hem dan met wat beurre manié. Doe het vlees bij de saus, laat die even koken en spatel de slagroom erdoor.

Breng in een pannetje de port met 1 eetlepel boter aan de kook en laat die tot de helft inkoken. Roer de rest van de fijngehakte chocolade erdoor, voeg de rammenas toe en kook die even mee. Serveer het vlees met de groente op borden of in kommen.

Lekker met: krokant gebakken aardappels.

Wijntip: vanwege de krachtige vruchtensaus is het kiezen van een geschikte wijn voor dit gerecht niet bepaald gemakkelijk. Maar shiraz uit overzeese gebieden is het geheime wapen! Met zijn intense fruitigheid kan hij prima tegen de saus op. Bovendien doet deze wijn enigszins 'wild' aan en wordt hij omschreven als 'peperig': precies wat een wildgerecht als dit nodig heeft.

Reemedaillon-rozemarijnspiesjes met wortels en cantharellen

De aromatische melkchocolade gaat met zijn krachtige tonen van mout en karamel goed samen met het reeënvlees. U kunt ook een chocolade zonder smaakmakers gebruiken, maar dan wel een van een hoge kwaliteit met minimaal 40% cacao.

Bereiding: 1 uur
Voor 4 personen

Ingrediënten

800 g panklare reerug | 8 dunne plakken doorregen spek
4 takjes rozemarijn (10-12 cm lang)
chocoladezout | versgemalen peper
500 g cantharellen | 1 ui
60 g boter | 4 el olie om te bakken | zout
500 g dunne bospeen | 1 el suiker
1,5 dl sinaasappelsap | ½ bosje basilicum, alleen de blaadjes | 50 g Rio Huimbi-melkchocolade uit Ecuador (42% cacao), in stukken
20 g extra pure chocolade (70% cacao), geraspt
2,5 dl rode wijn
2,5 dl slagroom of zure room
maizena of beurre manié (geknede boter)

Snijd het vlees in 16 even grote stukken. Halveer de plakken spek overlangs en omwikkel elk stuk vlees ermee. Maak de punt van elk rozemarijntakje ietwat scherp. Rijg aan elk takje vier stukjes vlees, bestrooi de spiesen met chocoladezout en peper en zet ze afgedekt opzij.

Veeg de cantharellen schoon. Halveer grote exemplaren. Snipper de ui. Verhit in een grote koekenpan 1 eetlepel boter en 1 eetlepel olie en bak daarin de cantharellen al roerend even aan. Voeg de ui toe en bak hem mee. Bestrooi met zout en peper en zet opzij.

Schrap de bospeen maar laat 1 cm van het loof zitten. Halveer de wortels dan overlangs en snijd ze schuin in stukjes van 4 cm. Verhit de rest van de boter in een grote koekenpan. Voeg de wortels toe, bestrooi die met de suiker en laat ze kort karamelliseren. Blus af met sinaasappelsap en kook de wortels afgedekt in 4-5 minuten gaar op halfhoog vuur. Bestrooi met zout en peper. Snijd intussen de basilicumblaadjes grof.

Doe de cantharellen bij de wortels en stoof ze afgedekt 5 minuten. Schep tot slot het basilicum en de melkchocolade erdoor.

Verhit, terwijl de cantharellen gaar worden, de rest van de olie in een grote koekenpan. Bak daarin de vleesspiesen op halfhoog vuur 3-4 minuten aan elke kant en strooi er dan wat geraspte extra pure chocolade over. Schik de spiesen op de wortels en cantharellen.

Schenk de wijn in de pan en laat hem kort inkoken. Voeg de slagroom toe, breng de saus weer aan de kook, bind hem met een papje van maizena en water, of met beurre manié, en breng op smaak met de rest van de geraspte chocolade. Geef de saus apart bij de spiesen.

Reebout in vossenbessen-chocoladesaus

De licht bittere chocolade uit Bolivia is een van de meest verfijnde soorten chocolade. Hij geeft een fruitig chocoladearoma en accentueert de fruitsmaken van de vossenbessen.

Bereiding: 2 uur
Marineren: 2-3 dagen
Voor 4 personen

Ingrediënten

1,5 kg reebout, goed bestorven
125 g boter | 1 el vossenbessengelei
2 el dijonmosterd | 40 g extra pure chocolade uit Bolivia (70% cacao), gehakt

Voor de marinade

6 dl droge rode wijn | 75 ml brandy
2 el olijfolie | 1 grote ui, in dunne ringen
2 laurierblaadjes
4 grote takjes tijm | versgeraspte nootmuskaat
1 tonkaboon | 1 teentje knoflook, gekneusd
6 zwarte peperkorrels, fijngemalen
3 el cacaonibs | 1 snufje zout

Meng alle ingrediënten voor de marinade. Leg de reebout in een roestvrijstalen kom of een schone plastic bak, schenk de marinade erover en laat het vlees 2-3 dagen afgedekt in de koelkast marineren; keer het regelmatig.

Verwarm de oven voor op 180 °C. Smelt de boter in een braadpan. Haal de reebout uit de marinade en dep het vlees droog. Braad het in de braadpan rondom zorgvuldig aan en zet het dan 1-1½ uur in de oven; bedruip het regelmatig met het braadvocht en voeg zo nodig nog wat boter toe. Zeef de marinade en zet opzij.

Leg het gare vlees op een voorverwarmde schaal. Verlaag de oventemperatuur tot 80 °C en houd het vlees warm in de oven.

Schenk de marinade in de braadpan en laat die op hoog vuur 2-3 minuten inkoken. Is de saus wat ingedikt, los dan de vossenbessengelei, mosterd en chocolade erin op. Serveer de saus in een voorverwarmde juskom bij de gebraden reebout.

Lekker met: de Vossenbessen-chocotaartjes van blz. 45, die geweldig samengaan met de reebout. Maar ook een klassieke salade smaakt er uitstekend bij.

Wijntip: erg lekker bij dit gerecht is een rode wijn uit Toscane. Bij de klassieke wijnen domineert de druivensoort sangiovese, die vaak ruikt naar rode bessen en een levendig, fris looizuur heeft. Het laatste maakt de reebout niet alleen bijzonder licht verteerbaar, het geeft de taartjes ook een frisse noot. Klassiekers zijn chianti, vino nobile di Montepulciano of brunello di Montalcino. Bij de laatste twee brengen de wijnboeren sinds enkele jaren een rosso op de markt. Deze 'tweede wijnen' zijn niet alleen goedkoper, maar meestal ook fruitiger en frisser.

Reeballetjes met extra pure chocolade

Bereiding: 30 minuten
Voor 4 personen

Ingrediënten

500 g reebiefstuk, zorgvuldig schoongemaakt
2 eieren | 1,5 dl slagroom
100 g magere kwark
40 g chocolade uit Venezuela (70% cacao), fijngehakt
10 g cacaonibs
wat jeneverbessen, rozemarijn, salie, chocoladezout
versgemalen peper
1 liter vlees- of groentebouillon

- Draai de reebiefstuk door de fijne schijf van een vleesmolen. Doe het vlees in een kom en kneed dan alle andere ingrediënten erdoor behalve de bouillon.
- Laat de vleesmassa in korte tijd zeer koud worden in de diepvries. Haal het vlees eruit en maal het in de keukenmachine tot een fijne farce; breng die zo nodig extra op smaak.
- Verwarm de bouillon op het fornuis. Maak met een eetlepel balletjes van de farce en doe die in de kokende bouillon (zie foto). Laat de balletjes 2 minuten trekken, maar niet koken.

Tips: heeft u geen keukenmachine, draai het vlees dan tweemaal door de vleesmolen. In plaats van reeënvlees kunt u ook konijnenvlees gebruiken.

Reerugfilet in kruiden-aardappelkorst

Bereiding: 1 uur en 20 minuten
Voor 4 personen

Ingrediënten

200 g reebiefstuk
2 eieren | 80 ml slagroom
kruidenmix van jeneverbes, rozemarijn, salie, tijm, laurier, chocoladezout, peper | 50 g diepvriesbladspinazie, ontdooid, uitgeknepen en fijngehakt
50 g peterselie, fijngehakt
600 g aardappels, geschild
chocoladezout | zout | versgemalen peper
60 g mager buikspek, in stukjes
½ tl cacaonibs, fijngemalen in een vijzel
30 g extra pure chocolade uit Tanzania (75% cacao), in stukken
plantaardige olie om te bakken
400-500 g reerugfilet, schoongemaakt
oud witbroodkruim, geraspt

- Draai het vlees door de fijne schijf van een vleesmolen en kneed de eieren, slagroom en wat van de kruidenmix erdoor.
- Laat de vleesmassa ijskoud worden in de diepvries. Haal het vlees eruit en maal het in de keukenmachine tot een fijne farce; breng die op smaak. Werk de spinazie en peterselie erdoor en zet de farce in de koelkast.
- Rasp de aardappels en knijp ze uit. Bestrooi ze met chocoladezout, zout en peper en voeg het buikspek toe. Strijk de massa in een laag van 5 mm op plasticfolie en druk hem aan. Strooi de cacaonibs en chocolade erover.
- Verhit de olie in een koekenpan en braad daarin de reerugfilet kort aan; neem hem uit de pan en laat hem afkoelen.
- Wentel de afgekoelde reerugfilet door het broodkruim en strijk er wat van de farce over. Leg het vlees op de aardappelmassa en bedek het er rondom mee.
- Verhit wat olie in de pan en braad daarin de omhulde reerugfilet aan. Leg hem dan in een bakblik en bak hem 12-14 minuten op 145 °C (heteluchtstand).

Lekker met: in boter gefruite blokjes hokkaidopompoen gekruid met gemberwortel, chilipeper, zout, peper en kardemom plus wat extra pure chocolade uit Bolivia en 1 eetlepel ahornsiroop.

Gemarineerde reebout

Hoogwaardige chocolade uit Tanzania heeft een bijzonder fruitige toon, een aroma dat doet denken aan rode bessen en een mooie en markante cacaosmaak. De cacaonibs brengen cacaoaroma's in de marinade zonder die te kleuren.

Bereiding: 3 uur
Marineren: 2-3 dagen
Voor 4 personen

Ingrediënten

Voor de marinade

50 g wortels | 50 g knolselderij
100 g uien of sjalotten
3 dl stevige rode wijn | 2 el balsamicoazijn
2 takjes rozemarijn | 2 takjes tijm
4 laurierblaadjes | 1 el jeneverbessen
3 kruidnagels | 3 el cacaonibs | zeezout
versgemalen peper

Voor het vlees

800 g reebiefstuk (liefst van de bout)
30 g boterolie (geklaarde boter of ghee)
1 el tomatenpuree
1-2 el appelstroop
1 liter wildfond | 30 g extra pure chocolade uit Tanzania (75% cacao), gehakt
2 el koude boter, in blokjes
zeezout | versgemalen peper

Schil voor de marinade de groenten, pel de uien en snijd alles in stukjes van 1 cm. Meng ze met de wijn, azijn, kruiden, specerijen en cacaonibs en voeg zout en peper toe. Laat het vlees hierin afgedekt 2-3 dagen marineren in de koelkast.

Haal het vlees uit de marinade en dep het droog. Zeef de marinade en bewaar de vaste ingrediënten; zet beide opzij. Verhit de boterolie in een braadpan en braad daarin het vlees rondom aan op hoog vuur. Neem het uit de pan en zet opzij.

Doe de groenten, kruiden en specerijen uit de marinade in de braadpan en bak ze daarin kort. Roer de tomatenpuree en appelstroop erdoor en laat alles circa 2 minuten karamelliseren. Blus af met de marinade en schenk de fond erbij. Leg het vlees in de pan en laat het afgedekt circa 1 uur stoven op laag vuur, tot het mals is.

Haal het vlees uit het braadvocht en houd het afgedekt warm. Zeef het braadvocht in een pan en laat het op laag vuur in circa 20 minuten tot de helft inkoken. Roer de chocolade en boter erdoor. Breng de saus op smaak met zeezout en peper.

Lekker met: aardappelpuree, broodknoedels of spätzle en licht geroosterde pompoenparten.

Wijntip: als ik denk aan een stevige rode wijn die alleen al qua geur doet denken aan kruidnagels, jeneverbessen en pure chocolade, zie ik meteen een lemberger uit Baden-Württemberg voor me. In Oostenrijk wordt hij Blaufränkisch genoemd en in het Burgenland bereikt hij een topvorm.

Konijn in port

Pure chocolade van wilde cacaobonen uit Bolivia is heel zacht met weinig tannine en looistoffen. Hij past geweldig bij konijn.

Bereiding: 1 uur en 30 minuten
Voor 4 personen

Ingrediënten

½ konijn, in stukken
wat bloem gekruid met zout, peper en cacao
3 el olie om te bakken of 50 g boterolie (geklaarde boter of ghee)
2 wortels, kleingesneden
2 uien, gesnipperd
1 stengel bleekselderij, kleingesneden
5 dl wildfond
1 bouqet garni
zout
versgemalen zwarte peper
1 dl port
1 el rodebessengelei
30 g extra pure chocolade uit Bolivia (70% cacao), gehakt

Verwarm de oven voor op 160 °C. Wentel de konijndelen door de gekruide bloem.

Verhit de olie of boterolie in een grote ovenvaste pan en braad daarin het vlees rondom bruin. Voeg de wortel, ui en bleekselderij toe en bak die 5 minuten mee.

Schenk de fond bij het vlees en voeg het bouquet garni toe, gevolgd door wat zout en peper. Braad het vlees afgedekt in 1 uur gaar in de oven, tot het gemakkelijk loskomt van het bot.

Haal de pan uit de oven. Schep het vlees uit de fond en houd het warm. Roer de port, gelei en chocolade door de fond en breng de saus op smaak. Leg het vlees er weer in en warm alles circa 5 minuten door; het mag niet meer koken.

Lekker met: polenta.

Wijntip: heel interessant zijn de rode wijnen uit de Dourovallei. Vroeger was die wijnstreek alleen bekend om zijn port. De inheemse druivensoorten – wijnstokken die in die regio thuishoren en alleen daar voorkomen – groeien op een leisteenbodem. Ze blijven vele jaren jong en hebben een vrij frisse stijl, verfijnd en elegant.

Konijnenbout in chocoladesaus

Chocolade van cacaobonen uit Peru heeft fruitige, iets kruidige tonen die voortreffelijk passen bij deze smaakvolle rodewijnsaus.

Bereiding: 3 uur
Voor 4 personen

Ingrediënten

4 konijnenbouten
zout | versgemalen witte peper
2 el boterolie (geklaarde boter of ghee)
5 dl rode wijn
1 grote ui
2 teentjes knoflook
2 rode chilipepers
70 g extra pure chocolade uit Peru (70% cacao)
1 liter wildfond
1 takje rozemarijn
2 takjes tijm
2 laurierblaadjes
10 witte peperkorrels
2 kruidnagels
½ kaneelstokje

Bestrooi de konijnenbouten met zout en peper. Verhit de boterolie in een braadpan en braad daarin de bouten rondom aan op hoog vuur tot ze iets bruin worden. Blus af met de wijn en laat alles op laag vuur sudderen tot de wijn voor twee derde is ingekookt.

Pel intussen de ui en knoflook. Snijd de ui doormidden en dan in repen. Halveer de chilipepers overlangs, verwijder het zaad en spoel de pepers af. Rasp de chocolade en zet opzij.

Schenk de wildfond bij de konijnenbouten. Voeg de ui, knoflook, chilipeper, rozemarijn, tijm, laurier, peperkorrels, kruidnagels en kaneel toe en laat de bouten afgedekt circa 1 uur stoven op laag vuur, tot ze mals zijn.

Haal de bouten uit de pan en houd ze warm. Zeef het braadvocht in een tweede pan en laat het op halfhoog vuur inkoken tot 4 dl. Roer de chocolade erdoor en maak de saus af met zout en peper.

Lekker met: kort opgebakken Cacaognocchi (zie blz. 48).

Wijntip: een fruitige, niet al te zware rode wijn, zoals we die in Europa maken, is de ideale begeleider van dit gerecht. De nebbiolo-wijnen uit Piemonte geven een verfijnde fruitigheid zonder te domineren.

Wildzwijnragout met pompoen en Madagaskar-chocolade

Het sterke zuur van de chocolade past erg goed bij wildzwijn.

Bereiding: 1 uur en 20 minuten
Voor 4 personen

Ingrediënten

1 kg wildzwijnschouder, ontbeend
150 g wortels
150 g peterseliewortels
100 g venkel
200 g hokkaidopompoen
40 g boterolie (geklaarde boter of ghee)
15 g Bombaykerrie
5 dl vleesbouillon
80 g chocolade uit Madagaskar (70% cacao), gehakt
chocoladezout
versgemalen peper
1 el geroosterde pijnboompitten

Snijd het wildzwijnvlees in stukjes. Maak de wortelgroenten, venkel en pompoen schoon en snijd ze in blokjes van circa 1 cm.

Verhit de boterolie in een pan en braad daarin het vlees rondom aan op hoog vuur. Strooi de kerrie erover en bak het poeder even mee.

Voeg de groenteblokjes toe en bak ze 3 minuten mee. Schenk dan de vleesbouillon erbij. Laat de ragout circa 40 minuten pruttelen op laag vuur.

Schep kort voor het eind van de stooftijd een beetje van het braadvocht in een pan en los daarin al roerend de chocolade op. Er moet een emulsie ontstaan met een gladde, glanzende consistentie. Doe deze chocoladesaus bij de ragout, roer en stoof het vlees tot het mooi mals is.

Breng de ragout op smaak met chocoladezout en peper en serveer hem met geroosterde pijnboompitten.

Lekker met: aardappelpuree of broodknoedels, desgewenst verrijkt met cacaonibs. Voor een fraai effect serveert u de ragout in de uitgeholde pompoen.

Wijntip: een warme, stevige Spaanse rode wijn completeert de wildzwijnragout. De rioja's brengen naast hun warme aard vooral elegantie en een zekere frisheid mee. De Spanjaarden hechten veel waarde aan rijping op kleine eikenhouten vaten. De wijn trekt ook fijne natuurlijke oliën uit het hout, zodat de kerrie nog beter tot zijn recht komt.

Ragout van lamsschouder met lavendelaroma

Lavendel, lamsvlees en melkchocolade – wees gerust, dat wordt niet bloemig, maar levert wel een sensationele combinatie van smaken op.

Bereiding: 1 uur en 30 minuten
Voor 4 personen

Ingrediënten

lavendelzout (gemaakt van lavendelbloemen en zeezout; zie bereiding)
1 kg lamsschouder, in blokjes
versgemalen peper
olie om te bakken
150 g uien, gesnipperd
40 g tomatenpuree
5 dl rosé of lichte witte wijn
150 g wortels, in blokjes
250 g zure room
50 g gedroogde appels, in reepjes
50 g gedroogde peren, in reepjes
30 g melkchocolade (38% cacao), gehakt

Trek voor het lavendelzout enkele dagen van tevoren bloeiende, geurende bloemen van de lavendel, hak ze iets fijn, wrijf ze fijn met zeezout en laat ze intrekken in een gesloten pot.

Bestrooi het lamsvlees met lavendelzout en grof gemalen peper en braad het aan in een braadpan met wat olie. Voeg de ui en tomatenpuree toe en bak die kort mee. Blus af met de wijn en laat die al roerend tot de helft inkoken. Giet er wat water bij en stoof het vlees in circa 1 uur gaar.

Voeg de wortels toe en kook ze kort mee. Voeg dan de zure room en gedroogde vruchten toe, breng de ragout op smaak en maak hem af met de melkchocolade. Maak de saus desgewenst iets dikker met beurre manié of een papje van maizena en water.

Lekker met: lamsvlees en aardappelgratin, die een klassieke combinatie vormen. Roer voor de afwisseling 35 gram gesmolten melkchocolade door de room voor de gratin voor u die over de aardappels schenkt – hemels!

Tip: desgewenst kunt u de saus verfijnen met wat appelgelei en balsamicoazijn.

Wijntip: hierbij past een rosé uit de Provence. Hier wordt het grootste deel van de druiven nog altijd verwerkt tot rosé, waarbij de wijnboeren zich veel moeite getroosten. Meestal zijn de rosés heel droog. Ze hebben een verrukkelijk aroma dat doet denken aan verse kruiden en natuurlijk lavendel, als afspiegeling van het terroir.

Lamscarrés met Vitis Noir-chocolade en cranberrycompote

Kaneelknoppen hebben een intense smaak die uitstekend samengaat met Vitis Noir, een zeer fruitige cacao uit de Dominicaanse Republiek.

Bereiding: 1 uur en 30 minuten
Voor 4 personen

Ingrediënten

4 lamscarrés à 250 g
3 kaneelknoppen | 60 ml olijfolie
3 el citroensap | 1 takje tijm, alleen de blaadjes
zout | versgemalen peper
olie om te bakken

Voor de saus

olijfolie | 1 sjalot | 2 el tomatenpuree
1,25 dl rode port | 8 dl lamsfond
20 g boter | wat cacao
30 g Vitis Noir-chocolade (70% cacao), gehakt | chocoladezout
versgemalen zwarte peper

Voor de cranberrycompote

50 ml sinaasappelsap | 50 ml port
1 snufje zout | 3 kaneelknoppen | 50 g suiker
500 g verse cranberry's | ¼ tl maizena

Verwijder vet en zenen van de lamscarrés en bewaar de snijresten voor de saus. Maak de saus. Verhit wat olie in een pan en braad daarin de snijresten van het vlees op hoog vuur aan. Pel de sjalot, hak hem grof en bak hem mee. Voeg de tomatenpuree toe en bak alles nogmaals op hoog vuur. Blus af met de port en laat die tot twee derde inkoken. Schenk de fond erbij en laat die tot de helft inkoken.

Zeef de saus in een pan en laat hem zachtjes koken. Bestuif de boter met cacao en roer door de saus. Roer de chocolade erdoor en houd de saus warm. Voeg eventueel naar smaak chocoladezout en peper toe. Verwarm de oven voor op 60 °C.

Maal 3 kaneelknoppen fijn in een vijzel, meng ze met de olijfolie, het citroensap en de tijmblaadjes en voeg zout en peper toe. Bestrijk de carrés royaal met dit mengsel, leg ze in een pan en bak ze circa 1 uur in de oven. Verhit dan wat olie in een koekenpan en bak daarin de lamscarrés 3 minuten aan elke kant. Neem ze uit de pan, laat ze nog 5 minuten rusten in de uitgeschakelde oven en snijd ze dan in stukken.

Breng voor de cranberrycompote 1 dl water, het sinaasappelsap, de port, het zout, de kaneelknoppen en suiker flink aan de kook. Voeg de cranberry's toe en laat ze pruttelen tot ze openbarsten.

Giet de cranberry's af in een zeef, vang het sap op in een pan, laat dit op halfhoog vuur tot de helft inkoken en bind het iets met een papje van maizena en water. Haal de kaneelknoppen eruit en doe de cranberry's weer in het sap. Schik de lamscarrés op vier borden met de cranberrycompote.

Lamsschouder met witte chocolade en lavendel

Witte chocolade en lavendel passen heel goed bij lamsvlees. De combinatie van de drie levert een onvergelijkelijk gerecht op.

Bereiding: 2 uur en 40 minuten
Wellen van de vruchten: 12 uur
Voor 4 personen

Ingrediënten

230 g gedroogde abrikozen
230 g ontpitte bakpruimen
2 dl halfdroge witte wijn
1 kg lamsschouder, ontbeend
40 g broodkruimels | 2 eidooiers | 25 g zachte boter | 1 ui, gesnipperd
4 el fijngehakte peterselie | ¼ tl fijngehakte rozemarijn | ¼ tl fijngehakte tijm
60 g witte chocolade, fijngehakt
geraspte schil van 1 biologische citroen
1 snuf cayennepeper
½ tl verse lavendelbloemen | zout | versgemalen zwarte peper | 75 g suiker

Laat de gedroogde vruchten een nacht wellen in de wijn. Haal ze er voor gebruik uit en laat ze uitlekken. Snijd het vlees zodat u het open kunt vouwen tot een grote lap en leg die op het werkblad; verwijder zichtbaar vet.

Verwarm de oven voor op 220 °C. Hak 160 gram abrikozen en 90 gram pruimen grof. Meng in een kom het fruit, broodkruimels, de eidooiers, boter, ui, peterselie en kruiden, 40 gram witte chocolade, het citroenraspsel, de cayennepeper en de helft van de lavendel goed door elkaar. Voeg wat zout en peper toe en verdeel het mengsel over het vlees. Vouw de randen daarvan naar binnen, rol het vlees vanaf een brede kant stevig op en zet het vast met keukentouw.

Los de suiker op halfhoog vuur op in 1,5 dl water en breng dat aan de kook. Voeg de resterende hele abrikozen en pruimen plus de rest van de lavendel toe en laat het geheel zachtjes koken.

Bestrooi het vlees met zout en peper en leg het in een braadpan. Verdeel de gedroogde vruchten rond het vlees en schenk de suikersiroop erover. Braad het vlees 15 minuten op 210 °C en vervolgens 70 minuten op 140 °C; bedruip het regelmatig met het braadvocht. Haal het vlees uit de oven en houd de vruchten warm in een schaal. Verwijder het keukentouw, leg het vlees op een voorverwarmde schaal en laat het 10-15 minuten rusten in een oven op circa 40 °C.

Schep intussen het vet van het braadvocht, breng dat aan de kook en meng de rest van de witte chocolade erdoor. Schenk de saus in een voorverwarmde sauskom. Schik de hele gedroogde vruchten rond het vlees en serveer.

Wijntip: bij dit gerecht hoort beslist een klassieke Elzasser muskaatwijn met restsuiker!

Verklarende woordenlijst

Anchopeper: gedroogde en vrij milde chilipeper met rooksmaak. Vers 'poblano' genoemd.

Barriquechocolade: chocolade met 70% cacao uit Venezuela, die is gearomatiseerd met diverse specerijen, zoals kardemom, koriander en gember. Past heel goed bij op barrique gerijpte wijnen.

Beurre manié: boter en bloem in een gelijke gewichtsverhouding door elkaar gekneed. Wordt gebruikt om sauzen en soep te binden en verfijnt bovendien de smaak.

Bolivia Sauvage: chocolade met 70% cacao, gemaakt van wilde cacaobonen uit Bolivia.

Bombaykerrie: een mild, weinig scherp, fruitig en bloemig specerijenmengsel.

Bouquet garni: kruidenbundeltje dat bijeengebonden wordt, zodat het voor het serveren gemakkelijk uit het gerecht kan worden verwijderd.

Cacaonibs: geroosterde, verbrokkelde cacaobonen, het basisproduct voor chocolade. Ze zijn op allerlei manieren te gebruiken bij het koken en bakken en zijn niet zoet. Ze zijn te vinden bij de chocoladevakhandel.

Chipotlepoeder: matig scherp chilipoeder van de gerookte jalapeñopeper, met een rokerige zoete reuk en smaak die doen denken aan chocolade.

Citroenverbena: eenjarige plant die behoort tot de ijzerhardfamilie. Hij hoort thuis in Zuid-Amerika en bevat sterke etherische citrusolie. De kleingesneden, fijngemalen of gedroogde blaadjes zijn op velerlei manieren te gebruiken.

Cubebepeper: behoort tot de pepergewassen en stamt uit Indonesië. Kenmerkend voor deze peper zijn de lichte scherpheid en de enigszins bittere, rokerige smaak.

Gianduja: speciale noga uit Piemonte.

Kaneelknoppen: de onrijpe vruchten van de kaneelboom. De op kruidnagels lijkende knoppen zijn zeer aromatisch en smaken naar kaneel, een beetje zoet en toch wat scherp.

Lange peper (Javapeper): zeer fruitig maar scherp.

Lime Juice: geconserveerd en licht gezoet limoensap. Het werd in de negentiende eeuw speciaal ontwikkeld voor de scheepvaart als middel tegen scheurbuik.

Mulatopeper: een variëteit van de gedroogde jalapeñopeper, met een donkerder kleur en een vrij milde, zoetige smaak.

Pasillapeper: tamelijk scherpe, gedroogde chilacapeper. De complexe smaak blijft lang hangen.

Piment d'Espelette: zeer aromatische, iets scherpe peper uit Zuid-Frankrijk.

Pondicherrypeper: de rijpe peperbes wordt uitgebreid gedroogd, behoudt daardoor zijn volle peperaroma en geeft maar weinig scherpte.

Roze peperbessen of Braziliaanse peper: geen echte peper, maar de vrucht van de Braziliaanse peperboom. Aromatisch van smaak zonder echt scherp te zijn.

Sarawakpeper: de naam verwijst naar de herkomst van de peper, de deelstaat Sarawak in Oost-Maleisië. Behoort tot de soort *Piper nigrum*.

Tahitiaanse vanille: een zeer geurige, bloemige vanille met een sterk aroma.

Tellicherrypeper: een heel bijzondere peper die wordt verkregen door het fermenteren van de echte rode peper in plaats van, zoals meer gebruikelijk, de groene peper. De iets grotere korrels zijn zeer aromatisch en kruidig.

Umamichocolade: melkchocolade met 38% cacao, gemaakt van cacaobonen uit Papoea Nieuw-Guinea en gearomatiseerd met zout en citrusachtige smaakmakers. Past goed bij rieslingwijnen.

Venezolaanse Espelette-chocolade: chocolade van de beste regionale cacao van de soorten trinitario en criollo met 70% cacao. Hij is gekruid met piment d'Espelette.

Vitis noir: chocolade van trinitariobonen uit de Dominicaanse Republiek, verfijnd met kaneelknoppen en cubebepeper. Past erg goed bij pinot noir.